LE TRÉSOR DE LA CRYPTE

LES AUTEURS

Avec Bayard Éditions,
ils ont participé à la création de MARCANTOUR.

Claude Merle

Il a été l'élève de Georges Duby, un historien célèbre. Professeur d'histoire avant de devenir écrivain, il écrit des pièces de théâtre, des scénarios pour la télévision et des romans. Il adore inventer des histoires, faire vivre à ses personnages des aventures extraordinaires. Il écrit très vite, beaucoup, tous les jours, le matin, le soir...

Laure Mistral

Elle a fait des études de lettres classiques, ce qui veut dire qu'elle connaît le latin et le grec comme sa poche. Elle est maintenant une incollable de la grammaire et des mots d'usage. Elle a même dirigé l'écriture d'un très gros dictionnaire.

La Péniche

Sous ce drôle de nom se cache une équipe de documentalistes et de journalistes. Certains ont fait des études d'histoire, d'autres de lettres, d'autres encore de journalisme. Tous passent leurs journées à lire des livres et des documents, à réunir des images documentaires, pour que les auteurs ne se trompent pas dans les lieux, les dates, les événements historiques.

Thierry Ségur

Il a fait des études d'art et après un petit séjour chez *Casus Belli*, le magazine des jeux, il s'est fixé sur la bande dessinée, le temps de réaliser quatre magnifiques albums dans le genre « médiéval fantastique ». Il sait tout faire : des gens de près, de loin, des gentils et des méchants, des images d'aujourd'hui et des aventures d'autrefois.

3, rue Bayard, 75008 Paris
Dépôt légal : avril 2000
Loi 49-956 du 16 juillet 1949 sur les publications destinées à la jeunesse

ISBN : 2 227 74607-6

Marcantour

LE TRĒSOR DE LA CRYPTE

AVERTISSEMENT

Es-tu prêt à basculer dans l'Histoire ?
Cramponne-toi à ton cheval
et saute dans l'aventure !
Tu vas vivre des moments palpitants :
des chevauchées sauvages, des rencontres terrifiantes,
des batailles sanglantes, des amitiés bouleversantes
et même des histoires d'amour.

BAYARD POCHE

MARCANTOUR

Hugo

Bernard de Marcantour

Il est le père de Hugo. Petit seigneur d'Auvergne, il s'est battu maintes fois aux côtés de Guillaume d'Auvergne. Mais ce dernier un jour l'a trahi et lui a pris toutes ses terres. Depuis, il est devenu un autre homme, cruel et sans pitié : le Seigneur aux mains rouges.

Hugo a appris la science des armes à la cour d'Auvergne. Adoubé par Louis d'Aubepierre, il a toutes les qualités d'un noble chevalier : il est courageux, généreux et loyal. Il est aussi un excellent cavalier et un guerrier hors pair.

Geoffroy d'Abbeville

C'est un grand architecte. Il a été choisi pour diriger la construction de la cathédrale d'Entremont. Hélas, son comportement ne semble pas toujours à la hauteur de sa mission. Et tout porte à croire qu'il a quelque chose à cacher…

LES HÉROS

Louis d'Aubepierre

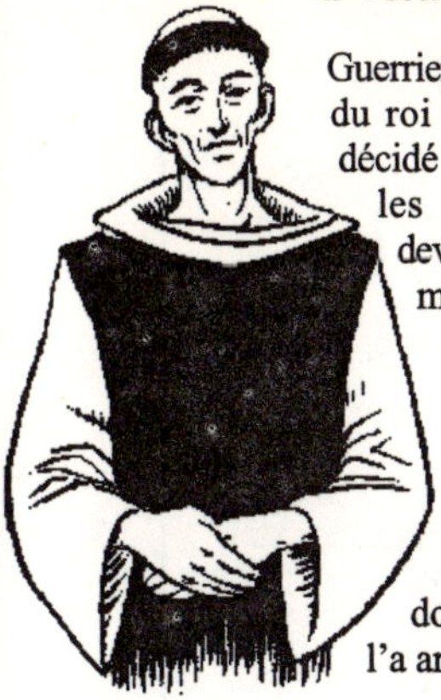

Guerrier courageux, ami du roi de France, il a décidé un jour d'arrêter les combats pour devenir moine. Il est maintenant prieur de l'abbaye de Saint-Étienne-des-Forêts.

Il s'est pris d'affection pour Hugo, il lui a donné son nom et l'a armé chevalier.

Ancelin

Il est l'écuyer de Hugo ; mais il est surtout son frère de lait, car sa mère, une paysanne, a nourri et élevé Hugo quand il était petit.

Sarah d'Abbeville

C'est la fille de Geoffroy d'Abbeville. Elle est si belle que les sculpteurs la prennent pour modèle quand ils veulent représenter la Vierge. Pourtant, sa grande beauté cache un esprit perfide, égoïste et profiteur.

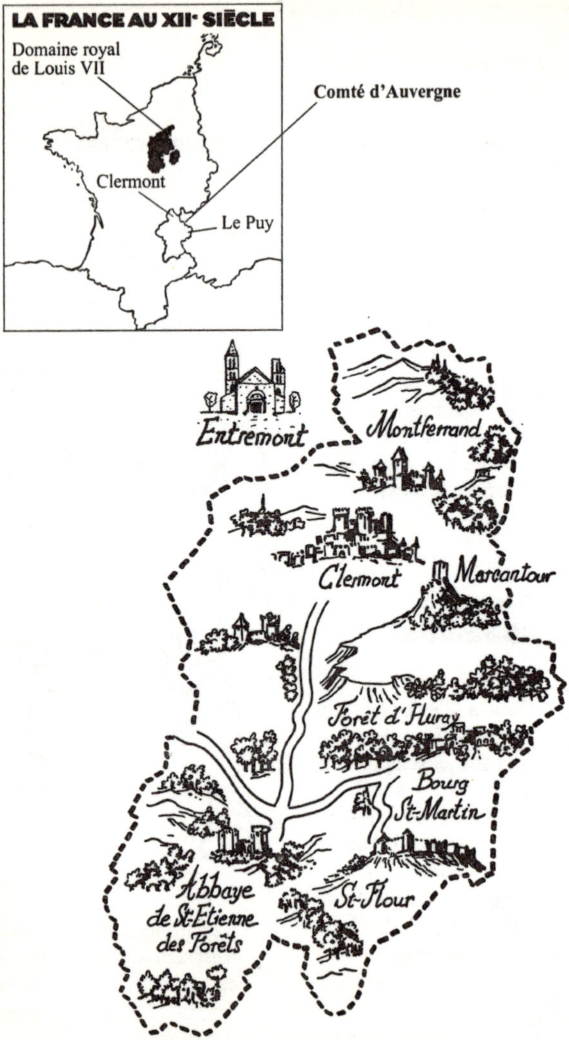

LE COMTÉ D'AUVERGNE

1

Cela se passe il y a près de mille ans
dans les monts d'Auvergne.
Hugo, un jeune chevalier, et son ami Ancelin,
fuyant les atrocités du Seigneur aux mains rouges,
vont de château en château,
se mettre au service du plus juste.

– Voici Entremont !
Le chevalier Hugo d'Aubepierre arrêta son cheval, Ardent, et montra au loin une ville qui se détachait sur le fond du soleil couchant.
– Jamais nous n'arriverons avant la nuit, fit remarquer Ancelin, son écuyer.
– La ville est encore à six lieues, les portes seront fermées, confirma Hugo.
– Dans ce cas, à quoi rimait ce galop d'enfer ? demanda Ancelin en caressant son cheval ruisselant de sueur.
– Le temps presse, tu le sais bien, dit Hugo en talonnant Ardent. Nous devons retrouver Viktor.
Ancelin fit la grimace :
– Il y a un mois qu'il a disparu, ton moine. Alors un jour de plus ou de moins ! D'ailleurs frère Louis pouvait venir le chercher lui-même, ce Viktor. Ce n'est pas un travail de chevalier !
– Louis d'Aubepierre est prieur d'un monastère,

il a autre chose à faire, répliqua Hugo avec sévérité. C'est pour nous un honneur de rechercher le fils de son meilleur ami.
– Viktor en a peut-être eu assez de sa vie de moine, ricana Ancelin.
– Viktor est un savant, dit Hugo. Il ne s'intéresse qu'à ses recherches : l'alchimie, l'histoire, la théologie. Il a toujours mené une existence studieuse et retirée. Cette disparition subite ne lui ressemble pas du tout. Son père est persuadé qu'il lui est arrivé un malheur, et frère Louis est inquiet.
– Moi aussi, je suis inquiet, bougonna Ancelin en examinant la vallée. Où allons-nous comme ça ?
On était le 6 février 1158. Dans les montagnes enneigées de l'Auvergne, il faisait un froid de loup et la nuit commençait à tomber.
– Je veux m'approcher le plus près possible d'Entremont, dit Hugo.
Dès le crépuscule, la campagne se peuplait de rôdeurs. Ancelin fit jouer nerveusement son épée dans son fourreau.
Au bout d'un quart d'heure, Hugo mit pied à terre pour ménager Ardent qui trébuchait de fatigue. Ancelin l'imita. La ville avait disparu derrière une hauteur boisée. Ils avançaient péniblement dans un vallon obscur.
Soudain, ils entendirent un cheval lancé au galop. Il semblait venir droit sur eux. Le bruit grandit. Ancelin tira son arme. Dans l'obscurité, le vent de la course les frôla, mais la bête resta invisible. Le

mystérieux cavalier s'éloigna comme un fantôme. Le silence revint. L'écuyer se signa en cachette et remit son épée au fourreau.
Ancelin était un garçon de seize ans, très grand pour son âge, lourd et solide. Il faisait preuve d'un grand courage au cours des combats, mais il redoutait la nuit, le diable et les fantômes. Il cachait ces terreurs superstitieuses, ne voulant pas passer pour un lâche aux yeux de son chevalier qui avait le même âge que lui et n'avait peur de rien.
Hugo était fils de seigneur, tandis que le père d'Ancelin était un simple paysan ; toutefois, ils étaient frères de lait, car ils avaient été tous deux nourris par la mère de l'écuyer.
– Où va-t-on ? demanda de nouveau Ancelin.
– Je cherche un abri, répondit Hugo.
Le ciel était couvert de nuages noirs qui rendaient la nuit encore plus profonde. Ils ne voyaient pas à cinq pas, si bien qu'ils franchirent sans s'en apercevoir un porche et se retrouvèrent dans un espace clos qui ressemblait à un jardin.
– Là ! Une maison ! s'écria Ancelin.
Le bâtiment qui se dressait devant eux ressemblait à une petite ferme. Tandis qu'ils s'en approchaient, pensant trouver un refuge, la lune parut dans la déchirure des nuages. Sous sa lumière pâle, ils virent qu'ils étaient entourés de croix.
– C'est un cimetière ! balbutia Ancelin.
– Et cette ferme est en réalité une chapelle, ajouta Hugo.

– Fichons le camp ! grogna Ancelin.
– L'endroit a l'air abandonné, constata Hugo.
– Raison de plus ! s'écria l'écuyer. Ce décor me donne la chair de poule !
– Silence ! commanda Hugo. Tu n'as rien entendu ?
À cet instant, les nuages masquèrent la lune et l'ombre noya de nouveau le cimetière. Les chevaux se mirent à hennir et à piétiner avec nervosité. Lorsque les bêtes furent calmées et que le silence fut revenu, les deux adolescents perçurent une voix étouffée qui appelait au secours.
– Ça provient de la chapelle, dit Hugo.
– C'est le vent, mentit Ancelin. Tu vois bien qu'il n'y a que des ruines !
– Occupe-toi des chevaux, ordonna Hugo en lui lançant les rênes.
Abandonnant l'écuyer, le jeune chevalier s'avança bravement vers le petit édifice. Lorsqu'il l'atteignit, la lune éclaira le paysage. Hugo constata que la toiture de la chapelle s'était effondrée, formant un amas de pierres envahi de ronces.
« Ancelin a raison, se dit-il. Il n'y a rien par ici. »
Il s'en retournait quand la voix se fit entendre, plus distincte.
– À l'aide ! Délivrez-moi, je vous en supplie, gémissait quelqu'un.
Quatre tombeaux s'appuyaient au mur. L'appel venait de là.
– Par ici, Ancelin ! appela Hugo.
– Que veux-tu faire ?

– Ouvrir ces tombeaux. Quelqu'un est enfermé là-dedans.
L'écuyer frissonna de terreur. « Le fou ! Il veut déterrer les morts ! » songea-t-il.
– Alors, tu viens ? s'impatienta Hugo. Attache les chevaux. Trouve-moi un levier.
– Vite ! sanglota la voix.
– C'est un sacrilège de violer une sépulture ! grommela Ancelin.
– Par pitié, supplia la voix, de plus en plus faible.
À l'aide d'une vieille croix en métal, Hugo essaya de déplacer l'une des pierres tombales. Mais celle-ci était beaucoup trop lourde.
– Qu'est-ce que tu attends ? s'emporta Hugo.
Ancelin hésita.
– Tu as peur ?
C'était ce qu'il fallait dire pour décider l'écuyer. Il se précipita et pesa avec rage sur le levier. La dalle bougea.
– Ça y est ! triompha Hugo.
Ils poussèrent l'énorme pierre de toutes leurs forces et la firent basculer sur le côté, dégageant un trou. Une créature toute noire surgit en hurlant.
– Attention ! bégaya Ancelin avant de s'écrouler au milieu des croix.

2

Hugo se jeta sur la créature affolée et la maîtrisa. Ce n'était ni un revenant ni un être démoniaque, comme l'imaginait Ancelin, mais un homme en proie à l'épouvante. Malgré ses habits déchirés, son corps couvert de terre et ses mains toutes sanglantes d'avoir gratté la pierre du tombeau, il n'avait pas l'air d'un mendiant.
Hugo le serra contre lui jusqu'à ce qu'il cessât de hurler et de se débattre, tout en lui murmurant :
– Calmez-vous, nous sommes des amis, n'ayez pas peur.
Soudain, l'homme s'abandonna sur son épaule et se mit à pleurer. Au bout d'un long moment, ses sanglots cessèrent enfin et il parut reprendre ses esprits.
– Que vous est-il arrivé ? lui demanda Hugo.
– J'ai été attaqué par des bandits. Ils étaient trois. Ils ont volé ma bourse, mais ça ne leur suffisait pas. Ils voulaient de l'or. Comme je leur jurais que

je n'en avais pas, ils m'ont enfermé dans ce tombeau, pour me laisser réfléchir. Ils ne sont pas loin ! Ils vont revenir !
En disant cela, il jetait des regards effrayés sur le cimetière.
– Vous ne risquez plus rien maintenant, le rassura Hugo. Venez !
Ils le hissèrent sur l'un des chevaux et partirent vers Entremont. La lune éclairait à présent tout le paysage. À une lieue de la ville, ils aperçurent une petite maison surmontée d'une cheminée d'où s'échappait un panache de fumée. Ancelin cogna à la porte. Une fenêtre s'ouvrit et un vieillard parut. Il avait la tête curieusement penchée sur le côté et brandissait une lanterne.
– Qui êtes-vous ? demanda-t-il d'une voix aiguë.
– Des voyageurs, répondit Hugo. Nous transportons un blessé et cherchons un asile pour la nuit.
Rassuré sans doute par la noblesse du jeune chevalier, le vieillard ouvrit la porte et les invita à entrer. Il était plus grand qu'on aurait pu croire. Il avait une tête toute déformée que masquaient de longs cheveux gris, et un regard halluciné. Il tenait un couteau, mais il le jeta aussitôt sur la pierre de la cheminée.
– Merci, dit Hugo.
Après avoir aidé l'homme qu'il avait délivré à descendre de cheval, le jeune chevalier entra dans la maison, tandis qu'Ancelin conduisait leurs montures dans une écurie adossée au bâtiment principal.

– Je te connais ! s'écria le vieillard de sa voix perçante en découvrant le blessé. Tu es Geoffroy d'Abbeville, n'est-ce pas ?
Il fit entendre un rire aigrelet.
– Geoffroy d'Abbeville ? L'architecte de la cathédrale ? s'exclama Hugo.
– C'est moi, confirma le blessé, qui se redressa avec orgueil.
On aurait dit que son nom lui avait subitement redonné des forces et du courage.
– Je voulais vous rencontrer, dit Hugo. Je suis à la recherche d'un jeune moine nommé Viktor. Mon parrain, prieur du monastère Saint-Étienne-des-Forêts, m'a conseillé de m'adresser à vous.
– À moi ? Pourquoi ça ? s'étonna le blessé.
– Vous avez travaillé avec Viktor, non ?
– Pas du tout ! J'ai dû le rencontrer deux ou trois fois, pas plus.
– Vous savez qu'il a disparu ?
– Comment le saurais-je ? marmonna l'architecte en détournant les yeux.
« Il ment, songea Hugo. On dirait qu'il a peur. Rien d'étonnant, après ce qui lui est arrivé ! »
Le vieillard posa sur la table une miche de pain et une marmite de soupe.
– Disparu, Viktor ? Hé ! Hé ! grinça-t-il. La malédiction d'Harald a encore frappé !
– Quelle malédiction ? demanda Ancelin en rejoignant les autres. Il fait un froid du diable. On est mieux à l'intérieur, croyez-moi !

Il pencha sa tête rousse au-dessus de la marmite. Il gémit de plaisir :

– De la soupe aux choux ! Je meurs de faim !

Il voulut tremper un morceau de pain dans la marmite, mais le vieillard lui assena un coup sur les doigts avec sa grande cuiller en bois.

– Prenez garde à la malédiction des Vikings ! s'écria-t-il.

– Les Vikings ? Mais il y a un siècle qu'ils ont disparu, mon brave, tandis que votre soupe est là, et elle va refroidir !

L'homme se pencha et se mit à chuchoter en roulant des yeux comme un dément :

– Ils ont disparu, c'est vrai, mais leur malédiction demeure. Leur chef, Harald le Cruel, a jadis pillé les églises, les abbayes, les châteaux d'Auvergne. Il a amassé un énorme butin. Il y a cent ans, sa bande de pillards a été vaincue et exterminée par le duc Odilon, ici même, sous les murs d'Entremont. Harald a disparu, son trésor maudit aussi. On raconte qu'il est enfoui sous la cathédrale. Malheur à celui qui le cherche ! Et plus encore à celui qui le trouvera !

– Pure légende ! grommela Geoffroy d'Abbeville.

– Quoi ? Tu nies la malédiction ? s'écria le vieillard de sa voix aiguë.

Geoffroy haussa les épaules :

– C'est une histoire à dormir debout !

– Peux-tu alors m'expliquer ce qui t'est arrivé ? demanda l'hôte d'un air malin.

Comme Geoffroy restait muet, Hugo raconta comment il avait délivré l'architecte du tombeau du cimetière abandonné.
– La malédiction ! La malédiction ! gémit le vieillard en masquant son visage de ses mains tremblantes.
Au bout d'un instant, il alla chercher un chaudron empli d'eau tiède et des lambeaux de toile pour panser les mains écorchées de l'architecte. Profitant de son absence, Geoffroy murmura :
– Le pauvre diable ! Il est devenu fou !
Cependant, malgré son infirmité et son regard étrange, le vieil homme était accueillant et généreux. Sa petite maison était bien tenue, ses vêtements étaient propres, alors qu'il vivait seul, sans la moindre servante pour l'aider.
– Une poutre lui est tombée sur la tête, dit Geoffroy à voix basse. Il a eu le crâne enfoncé et le cou brisé. Il a survécu par miracle.
– Un vrai miracle, confirma l'homme, qui avait l'ouïe fine. La malédiction d'Harald s'est abattue sur moi ! Comme sur toi, et sur ce Viktor !
Geoffroy vissa son doigt sur sa tempe pour indiquer que le vieillard délirait.
– Je sais ce que je dis ! grinça celui-ci.
Il montra Hugo et Ancelin, qui mangeaient leur soupe aux choux de bon appétit :
– Et eux, savent-ils qui je suis ? Dis-leur !
– C'est Pierre de Meaux, dit Geoffroy à contrecœur.

– Le grand architecte ! triompha le vieillard. La cathédrale d'Entremont, c'est moi qui l'ai bâtie !
– Une partie, grogna Geoffroy.
– J'ai travaillé vingt ans sur le chantier, toi seulement trois, dit Pierre avec dédain. Et puis, au bout de tant d'années, je me suis mis à la recherche du trésor maudit, Dieu me pardonne ! Voici le résultat.
Il montra son crâne déformé et sa tête inclinée sur son épaule.
Geoffroy d'Abbeville secoua la tête.
– Il n'y a pas de trésor, dit-il. La construction de la cathédrale a commencé il y a plus de soixante ans. Des milliers d'ouvriers ont creusé le sol sans découvrir la moindre trace.
– Tu parles du nouvel édifice. Mais sous celui-ci subsiste l'ancienne cathédrale carolingienne, fit remarquer Pierre en plissant les yeux d'un air entendu.
– L'évêque a fait condamner la crypte. Et il a interdit d'ouvrir le sol sous peine de mort, dit Geoffroy.
– Et ceux qui ont péri ? s'écria Pierre d'une voix perçante.
– Des accidents ! rétorqua Geoffroy. Il s'en produit toujours sur les chantiers. Des murs qui s'écroulent, des hommes qui tombent...
– Des hommes qu'on enferme vivants dans des tombeaux, ricana Pierre.
Geoffroy d'Abbeville fit un geste de mauvaise humeur.

– Je suis épuisé et je voudrais dormir, soupira-t-il.
Pierre de Meaux s'empressa. Il étendit trois couvertures de laine devant la cheminée et remit des bûches dans le feu. Hugo, Ancelin et Geoffroy s'étendirent et ne tardèrent pas à s'endormir.
Lorsque Hugo se réveilla, le jour était levé. Il vit par la fenêtre que le vent avait chassé les nuages et que le sol était couvert de givre. Il secoua son écuyer.
– Lève-toi, dit-il. Il est temps de partir.
Soudain, il constata que la troisième couverture était vide :
– Où est Geoffroy ?
– Disparu ! répondit Pierre de Meaux de sa voix grinçante.

3

– Comment ça, disparu ? s'étonna Hugo.
Pierre de Meaux montra une échelle en bois.
– Je dors là-haut, dit-il. Ce matin, j'ai entendu grincer la porte de la maison. Je croyais que l'un d'entre vous était allé soulager sa vessie. C'était lui, sans doute, mais il n'est pas revenu.
– Les bandits qui l'avaient attaqué ont peut-être retrouvé sa trace, s'inquiéta Hugo.
– On les aurait entendus, objecta Ancelin.
– Avec le bruit que tu faisais en ronflant, ça m'étonnerait, ricana le vieil homme. À mon avis, il s'est enfui, et il a bien fait !
– Les chevaux ! s'exclama Hugo. Va voir, vite !
Ancelin se précipita vers l'écurie et revint aussitôt, rassuré.
– Tout va bien, dit-il.
– Il est donc parti à pied. Par ce froid et dans l'obscurité, c'est tout de même bizarre. Allons voir en ville !

Il remercia chaleureusement Pierre de Meaux pour son hospitalité.
– Méfie-toi du trésor ! lui recommanda le vieil architecte en lui lançant un regard brûlant.

– Tu y crois, toi, à ce fameux trésor ? demanda Ancelin tandis qu'ils chevauchaient vers la ville.
Hugo secoua la tête :
– Je n'en sais rien. Pierre n'a pas toute sa raison, et ce Geoffroy est un homme étrange. De toute manière, il se passe ici des choses bizarres. La disparition de Geoffroy m'inquiète ; et puis, je comptais sur lui pour retrouver Viktor !
Ils approchaient d'Entremont. Un épais brouillard recouvrait la ville. Au-dessus de cette mer blanche surgissait la masse brune de la cathédrale en construction, semblable à un immense vaisseau échoué dans la plaine.
La cité était entourée d'une enceinte fortifiée. Un grand nombre de bourgeois et de paysans se pressaient aux portes, sous l'œil peu attentif des archers somnolents. Malgré le froid, l'atmosphère était joyeuse. Hugo et Ancelin mirent pied à terre et avancèrent lentement parmi la foule. Les ruelles de terre étaient sales et puantes, profondément entaillées par les roues des charrettes.
En suivant la cohue, ils ne tardèrent pas à aboutir à l'immense chantier de la cathédrale, fermé par une palissade. Après la pénombre des rues, le soleil glacé faisait mal aux yeux. Il éclairait l'édi-

fice entouré d'échafaudages, sur lesquels s'activaient les charpentiers, les maçons et les manœuvres. Tout autour s'élevaient des constructions de bois qui abritaient les ateliers, les forges, les remises et les écuries.
Au nord de la ville s'étalait un quartier neuf. Pour l'accueillir, les remparts avaient été élargis. Au centre passait une avenue qui reliait au chantier la carrière de pierre, située à douze lieues de la ville. Le sol boueux était recouvert de planches. Des charrettes lourdement chargées y circulaient sans interruption, transportant du bois de charpente et des blocs de pierre.
À proximité du chantier, Hugo repéra une auberge dont la patronne lui parut sympathique. Pour quelques deniers, il loua une chambre et laissa leurs chevaux à l'écurie.
– Je cherche un jeune moine nommé Viktor, lui dit-il. Savez-vous où je pourrais le trouver ?
– Des moines, ce n'est pas ça qui manque par ici, répondit la patronne avec bonne humeur. Demandez au chapitre.
Elle leur montra un grand bâtiment de pierre situé de l'autre côté du chantier.
– Les chanoines vous renseigneront, ajouta-t-elle. Ce sont eux qui surveillent la construction.
Hugo et Ancelin traversèrent l'immense place pour se rendre à l'endroit indiqué. Autour d'eux s'agitait une véritable fourmilière. Des manœuvres préparaient le ciment destiné au scellement

des pierres. Ils avaient des gants pour éviter la brûlure de la chaux. D'autres escaladaient des échelles, portant sur leur dos des hottes remplies de tuiles. Sur des monte-charge, actionnés par des cordes et des poulies, s'élevaient lentement des blocs de pierre.

Soudain, Ancelin saisit le bras de Hugo :

– Regarde !

Entre deux piles de blocs, plusieurs hommes se penchaient sur des tréteaux. Ils étudiaient des plans maintenus par quatre pierres sur une planche horizontale. Celui qui dirigeait la réunion d'une voix autoritaire avait un visage familier.

– C'est Geoffroy, murmura Hugo. Geoffroy d'Abbeville !

L'architecte ne ressemblait guère au misérable rescapé de la veille. Il portait un riche manteau de laine, des chausses de velours bleu et un bonnet de fourrure orné de médailles d'argent. Des gants, assortis à ses chausses, cachaient ses doigts blessés.

– Je constate avec plaisir que vous allez mieux, Messire, dit Hugo.

Geoffroy leva la tête et, au lieu de se réjouir, il fronça les sourcils en reconnaissant les deux adolescents. En voyant l'air contrarié de l'architecte, l'homme qui se tenait à sa droite se dressa devant Hugo et Ancelin. Il était grand et avait d'énormes épaules et un visage couturé de cicatrices. D'un geste, Geoffroy retint son garde du corps.

– Je vois que vous n'avez plus peur des brigands, railla Hugo.

L'architecte sourit, embarrassé :

– Que voulez-vous ?

– Un petit merci ne serait pas de refus, grogna Ancelin.

– Merci, dit Geoffroy.

Il se tourna en riant vers ceux qui l'entouraient.

– Figurez-vous que ces deux jeunes gens m'ont délivré d'une cage où l'on m'avait enfermé. Une farce stupide !

– Un tombeau, rectifia Ancelin.

– Vide, bien sûr, précisa Geoffroy. Mais les garnements qui ont fait ça ne perdent rien pour attendre, vous pouvez me faire confiance !

Les autres le regardèrent, étonnés, puis ils sourirent du bout des lèvres.

– Parlez-moi de Viktor, demanda Hugo.

– Vous voyez bien que je suis occupé ! dit l'architecte. Tenez, allez boire à ma santé !

Il lui mit dans la main une bourse bien garnie. Hugo la jeta sur les tréteaux.

– Gardez ça pour vos brigands, Messire, dit-il en lui tournant le dos.

4

– Cette histoire n'est pas claire, murmura Hugo tandis qu'ils s'éloignaient.
– C'est surtout lui, ce Geoffroy, qui n'est pas clair, gronda Ancelin. Il semble méchant. On a bien fait de l'enterrer vivant !
– Pourquoi tient-il à cacher ce qui s'est passé ?
– Sans doute qu'il a honte de sa lâcheté, suggéra Ancelin. Il fallait l'entendre pleurer comme un gamin ! Et maintenant le voilà qui se donne des airs de seigneur !
Hugo secoua la tête :
– Non, il y a une autre raison. Cet homme-là a quelque chose à cacher, et ce secret est certainement lié à la disparition de Viktor. Il faut découvrir ce que c'est.
Ils atteignirent le chapitre et demandèrent à voir le doyen, le chef de la communauté, en se présentant comme les envoyés de Louis d'Aubepierre. Le doyen les reçut chaleureusement.

– Comment va le prieur de Saint-Étienne ? s'enquit-il. Frère Louis est mon ami d'enfance. Nous avons fait nos études ensemble à Aurillac.
– Mon parrain se porte bien, répondit Hugo. Il m'a chargé d'enquêter sur la disparition d'un jeune moine de ses amis, Viktor. Vous le connaissez ?
– Bien sûr, dit le doyen. Viktor est un savant. Il a entrepris de passionnantes recherches sur l'histoire de notre cathédrale.
– Et il y a longtemps que vous ne l'avez pas revu ? demanda Hugo.
Le doyen fronça les sourcils :
– Voyons... Plusieurs semaines, en tout cas. Mais, vous savez, Viktor ne fait pas partie de notre chapitre. Il vit au monastère Saint-Pierre-d'Orient, à trois lieues au nord. C'est un garçon peu bavard. Je le rencontre parfois près de la cathédrale, la plupart du temps absorbé par ses recherches.
– Que cherche-t-il ?
– Des vestiges. La cathédrale primitive est très ancienne. Elle a été construite vers l'an 800.
– Vous a-t-il parlé d'un trésor ?
Le doyen ouvrit des yeux étonnés :
– Le trésor ? Vous voulez parler du trésor des Vikings ? Ce n'est qu'une légende, une vieille légende !
Il sourit avec indulgence.
– Pourtant, Viktor a bien disparu, insista Hugo.

– Ses recherches l'ont peut-être entraîné trop loin, murmura le doyen.
– Que voulez-vous dire ? Il était menacé ?
– Seigneur Dieu, non ! s'écria le doyen. Du moins, pas au sens où vous l'entendez.
– Dans quel sens, alors ?
Le doyen hésita avant de répondre :
– Il s'intéresse aux manifestations surnaturelles.
– Vous voulez dire aux démons, aux maléfices ?
– En quelque sorte. Je l'ai mis en garde, mais il ne tient pas compte de mes conseils, d'autant qu'il a le soutien de l'évêque.
– L'évêque !
– Guillaume d'Entremont. Tout dépend de lui ici, la ville, la cathédrale, une partie du pays, ajouta le doyen d'un ton amer. Il a chargé Viktor de mener une enquête au sujet de certaines disparitions inexpliquées.
– Des gens ont disparu ?
– Des hommes, mais aussi des statues, des reliques de grande valeur, un vrai pillage ! Pour cette raison, monseigneur d'Entremont a fait sceller l'entrée de la vieille cathédrale dont une partie subsiste sous le nouvel édifice. C'est une sage décision. Mais confier l'enquête à Viktor était moins indiqué.
– Pourquoi ? Il est trop jeune ?
Le doyen leva les yeux au ciel :
– Surtout trop crédule ! Il attribue certaines manifestations à des influences diaboliques.

– Il croit à l'existence du trésor, n'est-ce pas ?
Le doyen secoua la tête :
– Ce n'est pas ce qui l'intéresse.
– Il travaillait souvent avec Geoffroy d'Abbeville, m'a-t-on dit. Que pensez-vous de cet homme ?
– C'est un bon architecte, dit le doyen prudemment.
– Un personnage étrange, non ?
– Justement, voici Étienne Boileau ! s'exclama le doyen. C'est notre trésorier. Il connaît fort bien les hommes dont vous me parlez.
Il saisit le bras du nouveau venu et l'attira devant Hugo.
– Ce jeune chevalier est le filleul de Louis d'Aubepierre, dit-il. Vous pourrez le renseigner mieux que moi.
Sur ces paroles, le doyen les quitta avec une brusquerie qui ressemblait fort à une fuite. « Il a peur d'en avoir trop dit », songea Hugo.
– Que voulez-vous savoir, Messire chevalier ? demanda Étienne Boileau.
– Je suis à la recherche de Viktor, un jeune moine de Saint-Pierre-d'Orient.
– Venez avec moi, répondit aussitôt le chanoine.
Il les conduisit dans une petite pièce sans fenêtre qu'éclairaient deux bouquets de chandelles. Là, il referma la porte avec soin et déclara à voix basse :
– Je ne sais pas grand-chose à propos de Viktor, mais j'ai entendu la fin de votre conversation. Un

conseil : méfiez-vous de Geoffroy d'Abbeville, c'est un homme dangereux.
– Pourquoi dangereux ? s'étonna Hugo.
– Il déteste qu'on se mêle de ses affaires.
Hugo crispa les poings :
– C'est une menace ?
– Aucunement, dit le chanoine, une simple mise en garde. Je n'aime pas beaucoup messire d'Abbeville et je suis l'ami de votre parrain. Vous pouvez me faire confiance.
– D'où lui vient son pouvoir ? demanda Hugo.
– Il est protégé par l'évêque.
– Comme Viktor ?
– En réalité, Viktor est venu ici à la demande de l'architecte. Il s'agissait de retrouver les reliques et les objets précieux qui avaient disparu. Viktor savait les décrire et les identifier.
– Et ils ont été retrouvés ?
Étienne Boileau secoua la tête :
– Pas encore. Mais Viktor était sur une piste, je crois.
– C'est pour ça qu'il a disparu à son tour, non ?
– Je ne saurais répondre à cette question, murmura le chanoine en ouvrant la porte pour signifier que leur entretien était terminé.
Comme ils sortaient, ils virent une silhouette qui s'éloignait en boitant. Hugo aurait juré que, quelques secondes auparavant, l'homme était accroupi devant la porte et écoutait leur conversation.

– Qui est-ce ? s'inquiéta-t-il.
– Un mendiant qui vient ici quelquefois. Il est inoffensif, dit le chanoine.

Après avoir récupéré leurs chevaux à l'auberge, Hugo et Ancelin se rendirent au monastère Saint-Pierre-d'Orient. Ils interrogèrent les compagnons de Viktor, mais aucun d'entre eux ne savait ce qu'était devenu le jeune moine.
Le prieur était très inquiet. C'est lui qui avait averti frère Louis. Viktor était un esprit remarquable, et l'abandon de ses recherches signifiait une grande perte pour le monastère.
– Puis-je visiter la cellule de Viktor ? demanda Hugo.
Le prieur hésita.
– En principe, personne n'a le droit d'y pénétrer, dit-il. Mais comme c'est Louis d'Aubepierre qui vous envoie et que vous venez nous aider, je vous laisse libres d'aller et venir dans le monastère.
La chambre de Viktor ne ressemblait pas à une cellule ordinaire, vide et austère. Elle était encombrée de rouleaux de parchemin et d'énormes reliures de cuir. On y voyait aussi un étonnant matériel d'alchimie : des creusets de terre allant au feu, des fioles emplies de liquides de toutes les couleurs, des pots contenant des substances aux parfums violents.
– Ça sent l'enfer, tout ça ! constata Hugo.
– On dirait l'antre d'un sorcier ! grogna Ancelin.

– Ici se trouve sans doute la clé du mystère, murmura Hugo en déroulant les parchemins.
La plupart d'entre eux étaient des ouvrages religieux, rongés par l'âge et l'humidité. Durant une heure, Hugo et Ancelin fouillèrent partout, sans résultat.
– Beaucoup de mystères, mais pas celui que nous cherchons, nota Ancelin en bâillant d'ennui.
Ils se résignaient à quitter les lieux lorsque Hugo s'aperçut qu'une pierre du mur était mal jointe. Avec la lame de son poignard, il délogea la pierre et découvrit une cavité. Aussitôt, il y plongea la main et en retira un petit carnet au cuir noirci. Il l'ouvrit. Celui-ci contenait des croquis et des notes rédigées en latin.
– Charabia ! grogna Ancelin.
– Tu oublies que j'ai été élève chez les moines ! jubilait Hugo.
« Notes sur les cathédrales d'Entremont », traduisit-il.
Il se tourna vers Ancelin et recommanda :
– Surtout, pas un mot au prieur !
Après avoir quitté le monastère, ils regagnèrent l'auberge et s'enfermèrent dans leur chambre. Là, Hugo examina fiévreusement le carnet avec l'espoir de comprendre les raisons de la disparition de Viktor. Mais le carnet contenait des croquis d'architecture et des inscriptions abrégées dont le sens lui échappait.
Un signe revenait presque à toutes les pages.

C'étaient deux croix superposées, traversées par un glaive.
– Qu'est-ce que ça peut bien signifier ?
– Si on allait interroger l'architecte ? suggéra Ancelin.
– Bonne idée ! approuva Hugo. Mais cachons d'abord le carnet. Je ne tiens pas à ce qu'il tombe entre ses mains.
Il le glissa entre le mur et la tablette de bois de la fenêtre.
Après avoir pris leurs armes, ils se dirigèrent vers le chantier de la cathédrale. Tandis qu'ils sortaient de l'auberge, une tête parut derrière une fenêtre. Un homme les regarda s'éloigner. Cette fenêtre était celle de leur chambre et l'homme était le mendiant qui les avait espionnés dans la maison des chanoines.

Le chantier de la cathédrale était presque désert en raison de l'heure tardive. Hugo et Ancelin croisèrent un charpentier, qui leur apprit que Geoffroy d'Abbeville se trouvait de l'autre côté. Il ajouta qu'ils devaient se dépêcher, car les portes de l'enceinte de bois qui entourait l'édifice allaient bientôt fermer. Après cinq heures du soir, personne ne pouvait plus entrer ni sortir.
L'architecte resta introuvable. Cependant, en observant certaines parties du monument à la lumière du soleil couchant, Hugo découvrit qu'elles correspondaient aux croquis de Viktor.

Les deux tiers de la cathédrale étaient recouverts d'arcs de bois sur lesquels reposait la voûte de pierre en cours d'ouvrage. Hugo regardait en l'air. Ancelin, lui, examinait le sol.

– Regarde ! s'écria l'écuyer.

Il montra une dalle sur laquelle était gravé le mystérieux symbole dessiné par Viktor : les deux croix superposées traversées par une épée.

Comme ils se penchaient, une pluie de poussière s'abattit sur eux. Relevant la tête, Hugo vit avec horreur une pierre de la voûte se détacher au-dessus d'eux dans un raclement sinistre.

5

En voyant basculer le bloc meurtrier, Hugo bondit, ceintura Ancelin et roula avec lui jusqu'à l'un des piliers de la cathédrale. Au même moment, l'énorme pierre se brisa sur les dalles dans un fracas assourdissant. Sans l'incroyable rapidité du jeune chevalier elle les aurait tous deux écrasés.

Trois hommes accoururent aussitôt. L'un d'entre eux était le charpentier qu'ils avaient rencontré quelques instants auparavant.

– Vous n'êtes pas blessés ? s'affola-t-il.

– Juste un peu sonné ! grogna Ancelin dont la tête avait cogné le pilier.

– C'est effrayant ! dit le charpentier. Voici le cinquième accident ce mois-ci. Les pierres de la voûte ne peuvent pas se détacher ainsi. Je les ai moi-même vérifiées. Tout était bien en place.

– Ou bien, alors, la voûte s'écroule entièrement, fit remarquer l'un de ses compagnons.

– Je vais finir par croire ce qu'on raconte : cet

endroit est maudit ! grogna le troisième en croisant ses doigts pour conjurer le mauvais sort.
– Ce n'était pas un accident, confirma Hugo d'une voix sombre.
Au-dessus d'eux, en effet, une forme sombre se glissait silencieusement le long d'un échafaudage. Le jeune chevalier s'élança vers une échelle. Il atteignit l'échafaudage, mais l'ombre avait trop d'avance sur lui. Elle se fondit dans la nuit.
Hugo revint vers Ancelin, que les ouvriers aidaient à se remettre sur ses pieds. Ils le supplièrent de se dépêcher, car le chantier allait fermer d'un instant à l'autre.
– Que s'est-il passé ? demanda Ancelin lorsqu'ils eurent quitté l'enceinte.
– Un arc de pierre est tombé sur nous.
– Ça, j'ai compris, grogna l'écuyer en se frottant la tête.
– Ce n'était pas un accident, dit Hugo. Quelqu'un a tenté de nous tuer.
Ancelin écarquilla les yeux :
– Nous tuer ? Pourquoi ?
– Parce que nous en savons trop, du moins il le croit.
– Qu'est-ce que nous savons ?
– Pas grand-chose, en réalité, dit Hugo en grimaçant un sourire.
– Et qui a fait ça ?
– J'ai cru reconnaître l'homme... C'était le garde du corps de l'architecte.

– L'homme aux cicatrices ? s'exclama Ancelin. Tu as raison, c'est sûrement lui : une vraie gueule d'assassin !
– Je veux en avoir le cœur net ! lança Hugo.
Il se fit indiquer la maison de Geoffroy d'Abbeville. En guise de maison, ils trouvèrent un vrai palais aux murs de pierre et aux fenêtres ornées de vitraux. Hugo frappa à la porte. Un serviteur leur ouvrit.
– Préviens messire d'Abbeville que le chevalier d'Aubepierre désire lui parler, dit Hugo.
– Mon maître est absent.
– Eh bien, nous l'attendrons, gronda Hugo en écartant l'homme et en pénétrant dans la maison.
– Que faites-vous ? Vous n'avez pas le droit ! protesta le valet.
Ayant traversé un passage sombre et voûté, le jeune chevalier poussa une porte et déboucha dans une salle aux vastes proportions, illuminée de cierges et de flambeaux. Plusieurs personnes bavardaient avec entrain, assises ou debout autour d'une cheminée dans laquelle flambaient d'énormes bûches.
Parmi les assistants, Hugo distingua deux seigneurs de noble apparence. Il y avait aussi une vieille dame aux cheveux gris, une jeune fille ravissante et un homme de haute stature. Ce dernier se tenait un peu à l'écart. Le dos appuyé au manteau de la cheminée, il dévisageait les nouveaux venus avec un sourire insolent. Hugo

reconnut le colosse au visage couturé qu'il avait cru apercevoir sur l'échafaudage de la cathédrale quelques minutes auparavant.
– Que se passe-t-il ? demanda la jeune fille d'une voix mécontente.
– Ces hommes ont forcé la porte, maugréa le serviteur.
Le beau visage de la jeune fille s'empourpra de colère.
– Où vous croyez-vous ? s'indigna-t-elle.
– Dans un repaire de bandits ! répliqua Hugo.
Il montra le balafré :
– Cet individu a essayé de nous tuer.
– Garin ? s'étonna la jeune fille. Vous devez faire erreur : il était avec mon père.
Le balafré fit un pas en avant et tira son poignard. Mais, avant d'avoir eu le temps de brandir son arme, il sentit sur sa gorge l'épée de Hugo.
– Messire, dit l'un des seigneurs, quelles que soient vos raisons, il n'est pas courtois de tirer une arme dans la maison d'une dame.
– Dites cela à votre égorgeur, rétorqua Hugo.
– Cet homme m'est étranger, dit le seigneur avec dédain. Je me nomme Henri de Bayeux et vous prie de rengainer votre épée.
– Je m'appelle Sarah d'Abbeville, dit la jeune fille d'un ton orgueilleux. Et, moi, je ne vous prie pas : je vous l'ordonne !
– Fort bien ! gronda Hugo.
La pointe de son épée quitta la gorge du balafré,

mais elle cingla sa main droite, lui faisant lâcher son poignard.

– Je suis le chevalier d'Aubepierre, dit-il. Avertissez votre père que, s'il tente quoi que ce soit pour me nuire, je le reconduirai là où je l'ai trouvé l'autre nuit.

– Que voulez-vous dire ? demanda Sarah en se levant avec colère.

– Il comprendra, sourit Hugo avant de saluer l'assistance et de tourner les talons.

6

La nuit était sombre lorsque Hugo et Ancelin regagnèrent leur auberge. Un vent furieux faisait craquer les maisons de bois. Le jeune chevalier gardait son épée à la main, car les rues étaient désertes et il se méfiait des embuscades. Il sentait planer une menace autour d'eux. Cependant personne ne chercha à les attaquer.

L'humeur grincheuse d'Ancelin se dissipa lorsqu'il sentit la bonne odeur de pain et de viandes grillées qui s'échappait de l'auberge.

– Je meurs de faim ! clama-t-il.

– Ici, on ne meurt pas de faim, seulement d'indigestion, rectifia l'hôtesse en riant.

– Ah ! La belle mort ! gémit Ancelin en se caressant le ventre.

Hugo laissa son écuyer en tête à tête avec un poulet rôti, un énorme plat de pommes de terre et un pichet de vin d'Auvergne. Lui-même gagna leur chambre. Il était pressé de récupérer le carnet

de Viktor et d'examiner le symbole qu'il avait aperçu sur la dalle de la cathédrale, juste avant l'effondrement de la voûte qui avait failli leur coûter la vie.
Mais, lorsqu'il inspecta sa cachette, il constata que la tablette avait été soulevée et que le précieux carnet avait disparu. Il rejoignit Ancelin et l'avertit discrètement.
Ancelin haussa les épaules :
– De toute manière, on n'y comprenait rien.
– Le voleur, lui, saura le déchiffrer. Il a dû nous espionner, nous suivre jusqu'au monastère. J'aurais dû laisser le carnet où il était. Là-bas, il était en sécurité.
– Ce symbole gravé sur la dalle et dessiné sur le carnet, les deux croix et l'épée, tu crois qu'il a un rapport avec le trésor des Vikings ? demanda Ancelin, la bouche pleine.
Hugo hocha la tête :
– J'ignore si le trésor existe. Ce dont je suis persuadé, par contre, c'est qu'un terrible mystère plane sur cette ville et qu'on veut nous empêcher de le découvrir. Raison de plus pour savoir ce qui se passe ! Et vite, car Viktor est sûrement en danger.
– À mon avis, c'est l'architecte qui a volé le carnet, grommela Ancelin. Ce Geoffroy a un air hypocrite et des manières de bandit. S'il n'était pas chez lui, c'est qu'il se trouvait ici, en train de fouiller notre chambre.

Cependant l'hôtesse certifia que l'architecte n'avait pas mis les pieds à l'auberge.
– Nous en saurons davantage demain, dit Hugo en grignotant ce que l'énorme appétit d'Ancelin lui avait laissé du repas, c'est-à-dire une pomme de terre et la moitié d'une aile de poulet.
Le lendemain, ils se rendirent sur le chantier. Au soleil, l'immense squelette de pierre était beaucoup moins inquiétant que la veille. La foule des ouvriers travaillait dans une ambiance joyeuse.
– Allons voir la dalle, décida Hugo.
Mais, lorsqu'il pénétra dans la cathédrale, il eut beau chercher, il ne retrouva pas la dalle marquée du mystérieux symbole. Les pierres tombées de la voûte avaient, elles aussi, disparu. À leur place il y avait un sol neuf.
Hugo questionna un maçon. Celui-ci lui apprit que l'architecte avait ordonné d'enlever les pierres brisées. Le travail avait été effectué au lever du jour.
– Pourquoi si vite ? s'étonna Hugo.
– Parce que monseigneur d'Entremont doit venir visiter la cathédrale ce matin, dit le maçon.
Comme il disait ces mots, des dizaines d'ouvriers se précipitèrent soudain vers les ouvertures de la palissade.
– Voici monseigneur, annonça le maçon.
Hugo et Ancelin se faufilèrent à travers la foule. Arrivés au premier rang, ils virent ce qui provoquait l'attroupement. Ce n'était pas l'évêque, mais un vieil homme attelé à une charrette à bras. Hugo

reconnut Pierre de Meaux. Sur la charrette gisait un corps affreusement mutilé.
– La malédiction a encore frappé ! hurlait le vieil homme. Fuyez pendant qu'il en est temps, sinon vous subirez tous le même sort !
Autour de lui, quelques ouvriers plaisantaient. Mais la plupart d'entre eux restaient silencieux et impressionnés. Avec son regard halluciné et son cou brisé le vieil architecte semblait surgir de l'au-delà.
– Qui est cet homme ? demanda Hugo en montrant le cadavre étendu sur la charrette.
Pierre de Meaux leva ses bras au ciel :
– Tu le demandes, mon garçon ? C'est Viktor, celui que tu cherchais !
À ce moment, des gardes en tuniques blanches écartèrent la foule.
Un cri retentit :
– Faites place à Guillaume, seigneur d'Entremont !
Un homme parut. Il était grand, majestueux, vêtu d'un manteau blanc sur lequel brillait une croix d'argent.
– Que se passe-t-il ici ? demanda-t-il d'un ton sévère.
– La malédiction, Monseigneur, balbutia Pierre de Meaux.
– Vieux fou ! gronda l'évêque. Qui est cet homme ?
– Le moine Viktor, répondit le vieil homme.
L'archevêque fronça les sourcils :
– Viktor ? Qui a pu commettre une horreur pareille ?

Un silence de mort plana sur la foule.
– Où as-tu trouvé Viktor ? demanda l'évêque.
– Dans le vieux cimetière, murmura le vieil homme.
– Où exactement ? insista l'évêque d'une voix terrible.
– Dans l'un des tombeaux de la chapelle, avoua Pierre de Meaux en tremblant.
– Misérable ! Tu as osé profaner une sépulture ? s'indigna Guillaume d'Entremont.
– Les tombeaux étaient vides, Monseigneur, plaida le vieil homme.
– Viktor s'y trouvait pourtant, répliqua l'évêque, impitoyable. Que faisais-tu là-bas ?
– Je cherchais la tombe où maître Geoffroy d'Abbeville avait été enterré vivant.
Quelques rires éclatèrent.
– Silence ! tonna l'évêque.
Il s'adressa à ses gardes.
– Arrêtez ce vieux fou ! ordonna-t-il. Interrogez-le. Je veux savoir qui a assassiné ce saint homme. Qu'on transporte son corps au monastère Saint-Pierre-d'Orient pour qu'il repose au milieu de ses frères.
L'arrestation de Pierre de Meaux bouleversa Hugo, car il était persuadé de l'innocence du vieil homme. Il se demanda s'il devait raconter à l'évêque l'étrange mésaventure survenue à Geoffroy d'Abbeville dans le vieux cimetière, qui confirmait les propos du vieil homme. Visi-

blement, monseigneur d'Entremont n'était pas au courant de l'affaire. Mais, au moment où il s'avançait vers l'évêque, le jeune chevalier aperçut l'architecte. Celui-ci se tenait à côté de l'évêque et lui parlait familièrement à l'oreille.

Guillaume d'Entremont hocha la tête en signe d'accord, tandis que ses gardes entraînaient Pierre de Meaux au milieu des ouvriers qui proféraient des injures à l'égard du vieillard abasourdi.

7

– Que va-t-on lui faire ? s'écria Ancelin en voyant deux soldats de l'évêque traiter l'infirme avec brutalité.
– L'interroger, dit Hugo.
– Le torturer, tu veux dire ! se révolta l'écuyer. Le pauvre diable est déjà à moitié mort. Cet évêque me fait froid dans le dos. Il a plutôt l'air d'un guerrier que d'un religieux. Je ne voudrais pas tomber entre ses griffes. Sous le chevalet, j'avouerais tout ce qu'il voudrait.
– Le plus inquiétant, c'est que l'architecte semble bien s'entendre avec lui. J'aimerais entendre ce qu'il lui raconte. Suivons-les !
Les ouvriers s'étaient remis au travail. Au lieu d'inspecter les travaux, l'évêque sortit du chantier, escorté de sa garde. Devant la porte, Geoffroy d'Abbeville s'inclina, baisa l'anneau de l'évêque et s'en alla de son côté. Hugo et Ancelin le suivirent.

L'architecte entra dans sa maison. Au bout d'un quart d'heure, il en ressortit. Il avait changé de vêtements et arborait à présent un vieux manteau noir qui enveloppait son corps et lui masquait le visage. Sur l'épaule, il portait un grand sac de toile qui devait être bien rempli, car son poids l'obligeait à marcher le dos courbé.

– Tu es sûr que c'est lui ? demanda Ancelin.

– Aucun doute, dit Hugo.

Comme pour confirmer ses dires, l'homme au capuchon tourna la tête et ils reconnurent les yeux de l'architecte.

– Tu penses qu'il nous a vus ? s'inquiéta Ancelin.

– Je ne crois pas, répondit Hugo.

Effectivement, Geoffroy d'Abbeville confirmait sa route comme s'il n'avait rien remarqué. Hugo et Ancelin le suivirent sans difficulté jusqu'à l'autre bout de la ville. En surveillant leur homme, ils ne se doutaient pas qu'ils étaient suivis à leur tour. Le boiteux qui les avait espionnés dans la maison du chapitre, puis avait fouillé leur chambre, ne les lâchait pas d'une semelle.

Geoffroy d'Abbeville sortit de la ville et prit la route du nord. Au bout d'une vingtaine de minutes, il bifurqua sur un étroit chemin enfoui sous les sapins. Une centaine de pas plus loin, Hugo et Ancelin aperçurent une maison de bois. Après avoir inspecté les environs, l'architecte frappa à la porte et disparut à l'intérieur.

Les deux adolescents s'approchèrent en se dissimulant derrière les sapins. L'oreille collée aux murs de rondins, ils entendirent un bruit de voix. Soudain, une dispute éclata. Des hommes hurlaient. Ils reconnurent la voix de l'architecte qui criait :

– Puisque c'est comme ça, vous n'aurez rien !

– Toi non plus, tu n'auras rien, lorsque je t'aurai coupé la gorge ! vociféra un homme ivre de rage.

– Si tu veux finir sur la roue, ne te gêne pas, brute épaisse ! répliqua l'architecte. On a découvert le corps de Viktor. J'aurais dû vous dénoncer, je ne l'ai pas fait, mais s'il m'arrive quoi que ce soit, j'ai pris mes précautions pour que l'évêque soit aussitôt prévenu. Vous subirez tous les trois le châtiment que vous méritez !

Un silence suivit ces menaces, puis un homme grommela :

– Que proposes-tu ?

– Prenez cet or en attendant mieux, dit l'architecte. Un jour, vous serez riches, mais pour ça, vous devez vous éloigner d'Entremont. Quand tout danger sera écarté, je vous rappellerai.

– Qu'est-ce qui nous prouve que tu ne vas pas nous trahir ? grogna l'un des trois hommes.

– Je l'aurais déjà fait ! assura l'architecte. Il se trouve que j'ai encore besoin de vous. Une simple formalité...

Ils se mirent à parler à voix basse, si bien que Hugo et Ancelin perdirent la fin de leur conversation.

– Et rappelez-vous, s'écria soudain l'architecte. Il faut que la chose ait l'air d'un accident. Voici pour la peine !
Hugo et Ancelin entendirent le tintement des pièces et le grognement des hommes. Puis le loquet de la porte se souleva. Les deux adolescents se précipitèrent vers l'arrière de la maison. De là, ils virent l'architecte repartir sur le chemin. Il n'avait plus son sac et marchait à grands pas.
– Suis-le, dit Hugo à Ancelin. Moi, je surveille ces trois-là.
Il attendit que Geoffroy, talonné par Ancelin, ait disparu, puis il tira son épée et se prépara à bondir dans la cabane. Mais, au moment où il s'approchait de la porte, il entendit quelqu'un sur le chemin. Il se dissimula aussitôt derrière la maison. Celui qui approchait était boiteux. Il s'appuyait sur un bâton qui ressemblait à un gourdin. En l'examinant avec attention, Hugo crut reconnaître sa démarche. Mais il n'eut pas le temps d'identifier le mendiant du chapitre, car le boiteux entra brusquement dans la cabane.
Quelques instants plus tard, trois hommes en sortirent, armés de haches et d'épées, et se ruèrent sur Hugo.

8

Hugo fut surpris par la rapidité de l'attaque. Cependant ses trois adversaires étaient lourds, tandis que la légèreté et la vivacité faisaient la force du jeune chevalier. Sans ses réflexes fulgurants, la hache du premier tueur lui aurait fendu le crâne. Il esquiva le coup et cingla le visage de son adversaire d'un revers de lame. Celui-ci poussa un beuglement de douleur et lâcha son arme.
Hugo se tourna vers son deuxième agresseur. L'homme lui assena un coup d'épée dont la puissance déséquilibra le jeune chevalier. Le voyant sur le point de s'écrouler, le tueur leva son arme pour l'achever. Hugo se laissa tomber à genoux et frappa par-dessous. Sa lame atteignit l'homme en plein cœur.
Le troisième homme était plus robuste que ses compagnons. Il tenait à deux mains une hache de bûcheron à long manche. Il s'avança sur Hugo en faisant tournoyer cette arme redoutable. Hugo

recula pied à pied jusqu'aux sapins, tout en cherchant une ouverture pour lancer son attaque. Mais l'homme réussit à le maintenir à distance jusqu'à ce qu'il soit acculé à un arbre.
Le jugeant à sa merci, il poussa un cri de triomphe et abattit la hache de toutes ses forces. Hugo se baissa. Le fer, manquant sa cible de peu, s'enfonça dans le tronc. Le tueur banda ses muscles et arracha la hache. Emporté par l'effort, il chancela. Sans lui laisser le temps de revenir au combat, Hugo lui planta sa lame à la base du cou.
Au même instant, le premier adversaire, celui que Hugo avait blessé au visage, se précipita sur lui. Le jeune chevalier aurait voulu l'épargner afin de pouvoir l'interroger, mais, dans sa fureur, le blessé le manqua et vint s'embrocher sur son épée.
Hugo contempla les trois corps étendus. C'étaient des assassins de la pire espèce. Pourtant, comme chaque fois où il était obligé de tuer pour survivre, il fut pris de dégoût.
Accablé, il ne vit pas le boiteux se glisser furtivement derrière lui. Dans l'ardeur du combat, il l'avait oublié. Le mendiant tenait un couteau. Il le brandit pour poignarder le jeune chevalier dans le dos. Mais, au moment où il allait assener le coup mortel, une flèche mystérieusement lancée de la forêt de sapins l'atteignit entre les épaules.
En percevant le sifflement de la flèche et le cri étouffé de la victime, Hugo se retourna d'un bond. Découvrant l'homme mort, le couteau et la flèche,

il comprit qu'un archer inconnu venait de lui sauver la vie.
– Qui êtes-vous ? cria-t-il.
Seul l'écho lui répondit. Il eut beau fouiller la forêt, il ne trouva personne. Mal à l'aise, il finit par reprendre la route d'Entremont.

Pendant que Hugo luttait contre les assassins, Ancelin avait suivi l'architecte.
Celui-ci s'était hâté de regagner sa maison. Ancelin s'était posté de l'autre côté de la rue, pour surveiller la porte et les fenêtres du sire d'Abbeville. Devant lui s'écoulait sans cesse le flot de charrettes chargées de pierres, destinées au chantier.
Le temps passait. L'architecte restait invisible. Ancelin commença à sentir le froid et la faim. Il lorgna du côté d'une auberge toute proche d'où s'échappait une délicieuse odeur de beignets. Il se demanda s'il aurait le temps de céder à sa gourmandise et d'avaler un gobelet de vin chaud pour se réchauffer.
Un chariot approchait. Ancelin lui jeta un coup d'œil machinal. Soudain, une haute silhouette surgit derrière lui et le poussa violemment dans le dos, le précipitant sous le lourd véhicule.
En voyant Ancelin, le conducteur du chariot tira sur ses rênes et commanda à ses bœufs d'arrêter. Mais il était trop tard : le jeune écuyer disparut sous les roues.

– Malheur ! s'écria le charretier en immobilisant enfin son attelage et en sautant à terre.

Il s'attendait à trouver l'adolescent en bouillie, mais celui-ci se releva en jurant. Il était tombé entre les roues et n'avait pas la moindre égratignure. Hugo accourut au même moment :

– Qu'est-ce que tu fabriquais sous ce chariot ?

– Je dormais ! bougonna Ancelin.

– Il dormait ! s'écria le charretier en se tapant sur les cuisses.

Le pauvre homme avait eu si peur qu'il se mit à rire nerveusement sans pouvoir s'arrêter.

– Riez ! J'ai bien failli m'endormir pour l'éternité ! fulminait Ancelin.

– Que s'est-il passé ? demanda Hugo.

– Le porc m'a poussé sous les roues !

– Qui ?

– Le balafré.

– Tu en es sûr ? rugit Hugo. Il va le payer !

Il dégaina son épée et se rua vers la maison de l'architecte. Il martela la porte du pommeau de son arme. Un serviteur, qui ouvrit en bougonnant, reçut un coup à la poitrine.

– Au meurtre ! cria-t-il.

Hugo le bouscula sans ménagement et courut dans la salle où il était venu la veille. Il n'y trouva que la vieille dame aux bandeaux gris, dont le visage s'éclaira d'un sourire moqueur :

– Apparemment, c'est votre habitude, Messire, de rendre visite aux gens l'épée à la main !

Hugo s'inclina froidement :
– Mille pardons, Madame, mais c'est le seul langage que comprennent les meurtriers.
– Les meurtriers ? s'offusqua la dame.
– Geoffroy d'Abbeville et son âme damnée, Garin, répondit Hugo. Sans compter leurs trois complices que j'ai dû expédier en enfer de ma propre main !
– Vous m'effrayez ! dit la dame en portant une main à son cœur.
Mais on sentait à son sourire qu'elle ne prenait pas trop au sérieux ce bel adolescent dont les propos menaçants ne correspondaient pas à la douce physionomie.
– Mon fils Geoffroy vient de sortir. Il est parti rejoindre Sarah, ma petite-fille, dans l'atelier de maître Rouhault, le sculpteur, contre la maison des chanoines. Ne les tuez pas, Messire, recommanda-t-elle en riant.
Loin de l'amuser, cette raillerie redoubla la colère du jeune chevalier. Suivi d'Ancelin, il se précipita vers l'atelier du sculpteur. Celui-ci était une vaste construction de bois qui ressemblait à une grange. L'intérieur était encombré d'une multitude de personnages et d'animaux fantastiques taillés dans la pierre. Ces sujets ornaient des chapiteaux destinés à être placés au sommet des piliers. On voyait aussi des scènes de la Bible sur des bas-reliefs fixés sur les autels et de longues gargouilles aux visages monstrueux qui servaient à évacuer l'eau de pluie recueillie sur les toitures des monuments.

Pour l'instant, maître Rouhault travaillait à une statue de la Vierge. Sur un socle en bois était posée une pierre lisse et blanche, dont commençaient à émerger les traits du visage d'une jeune fille. Hugo reconnut la beauté pure de Sarah, la fille de Geoffroy d'Abbeville.

– Que viens-tu faire ici ? s'emporta un grand gaillard, tout recouvert de poussière blanche.

– Je cherche Geoffroy d'Abbeville, dit-il.

– C'est une obsession ! s'écria Sarah d'un ton excédé.

Hugo aperçut la jeune fille, assise sur un tabouret derrière le sculpteur.

– Où est votre père ? demanda Hugo.

– Il est reparti, dit Sarah. Et vous seriez prudent d'en faire autant.

Elle se tourna vers le seigneur normand qui lui tenait compagnie.

– Henri, soupira-t-elle, pour l'amour de moi, chassez ces deux énergumènes. Leur présence m'importune.

Henri de Bayeux fit un pas en avant. Aussitôt, l'épée de Hugo surgit dans sa main droite.

– Messire, dit le jeune chevalier, ne vous mêlez pas de cette querelle si vous ne voulez pas ressembler à l'une de ces gargouilles.

Ancelin explosa de rire, tandis qu'Henri de Bayeux pâlissait et portait la main à son épée. Cependant, le Normand suspendit son geste pour demander d'une voix altérée par la colère :

– Que voulez-vous à messire d'Abbeville ?
– L'interroger, dit Hugo. Il y a autour de lui beaucoup trop de meurtres et de bandits.
– À votre place, j'éviterais de parler de bandits, dit Sarah d'une voix méprisante.
– Et pourquoi, s'il vous plaît ?
– Parce que vous êtes l'un d'eux, répliqua la jeune fille. Aubepierre n'est pas votre véritable nom. Vous vous nommez Hugo de Marcantour, et vous êtes le fils du Seigneur aux mains rouges, le pire brigand de ce pays.
Hugo se mordit les lèvres. Sarah disait vrai. Il était bien le fils de Bernard de Marcantour, dont le seul nom faisait trembler l'Auvergne. Pour échapper à la tyrannie de son père et aux atrocités que commettaient ses hommes, les Diables Rouges, Hugo s'était enfui. Il avait pris le nom de son parrain : Aubepierre. Celui-ci l'avait armé chevalier. Mais on n'échappe pas aisément à son destin. Il avait beau parcourir le monde, lutter sans répit pour de nobles causes, le nom de Marcantour le poursuivait impitoyablement.
En voyant le sourire ironique avec lequel Henri de Bayeux le dévisageait, Hugo rougit de colère. Il allait dégainer son épée pour punir l'insolent lorsque Ancelin s'interposa.
– Maître, dit-il au sculpteur, votre statue est fort belle.
– Merci, dit maître Rouhault, rayonnant d'orgueil.

– Cependant il y a une chose que je ne m’explique pas.
– Laquelle ?
– Pourquoi avoir choisi comme modèle une diablesse pour un visage aussi angélique ?
Après quoi, l’écuyer entraîna Hugo en riant, tandis que Sarah trépignait de rage.

9

Le lendemain, Hugo ne quitta pas l'auberge de toute la matinée. Il passa son temps à aiguiser son épée et à huiler la cotte de mailles qu'il emportait partout et ne mettait jamais.

– Tu ne sors pas ? s'étonna Ancelin, qui l'aidait vaguement et qui s'ennuyait ferme.

– Non, répondit Hugo d'un air absent.

– Il faut retrouver ce maudit architecte ! grommela Ancelin.

– À quoi bon ? soupira Hugo.

Ancelin ouvrit des yeux stupéfaits. Jamais il n'avait vu son chevalier dans cet état.

– C'est à cause de ton nom, pas vrai ? Et pourquoi tu devrais avoir honte, dis-le-moi ? Tu n'es pas responsable des crimes de ton père ! Et puis tu as une mission à accomplir.

– Viktor est mort, notre mission est terminée, décréta Hugo d'une voix lasse.

– Terminée ? s'écria Ancelin. Tu veux dire que tu renonces à punir son assassin ?
– Ce n'est pas à moi de faire la justice.
– Tout ça parce que tu te nommes Marcantour ? s'emporta Ancelin. Je croyais au contraire que c'était une bonne raison de protéger les faibles et de châtier les méchants.
Comme il disait ces mots, la patronne de l'auberge vint leur annoncer que l'architecte de la cathédrale désirait s'entretenir avec eux.
– Quand on parle du diable ! gronda Ancelin.
Hugo se leva et remit son épée au fourreau d'un geste énergique. On aurait dit que cette visite inattendue lui redonnait brusquement des forces.
L'homme qu'ils retrouvèrent dans la salle de l'auberge n'avait plus rien de commun avec le personnage perfide et orgueilleux des jours précédents.
– Messire, dit-il en s'inclinant, j'ai de grands torts envers vous. Au lieu de vous remercier de m'avoir sauvé la vie, je vous ai traité en ennemi. J'espère que vous voudrez bien me pardonner.
– C'est pour me dire ça que vous êtes venu ? demanda Hugo, soupçonneux.
L'architecte marqua un temps d'hésitation :
– Pour ça, oui... et aussi parce que j'ai besoin de votre aide.
– Mon aide ?
Hugo ne put s'empêcher d'éclater de rire.
– C'est très sérieux, dit Geoffroy d'Abbeville. Ma vie est menacée... par des êtres sans pitié.

– Je croyais que c'était vous, l'homme sans pitié, railla Hugo.
– J'étais fort, mais depuis que vous m'avez trouvé dans ce tombeau, tout s'écroule autour de moi, dit l'architecte en frissonnant. Je n'ai plus d'amis. Vous seul pouvez me protéger.
« Il joue la comédie, songea Hugo. Sa frayeur cache un piège. »
– Pourquoi ne pas vous adresser à l'évêque ? s'étonna-t-il.
– Guillaume d'Entremont ne peut rien pour moi, hélas ! dit l'architecte avec l'accent du désespoir.
– Moi non plus, ajouta Hugo. Si vous avez des crimes sur la conscience, il faut accepter votre châtiment.
Geoffroy d'Abbeville le regarda avec stupeur.
– Des crimes ? s'écria-t-il. Non ! Ce n'est pas moi ! Ce n'est pas moi !
Il se tordit les mains.
– Tout ce que je vous demande, c'est de venir avec moi, supplia-t-il.
– Fort bien, nous vous suivons, dit Hugo. Mais prenez garde : au moindre signe de trahison, je n'hésiterai pas à vous passer par mon épée !
– Vous n'avez rien à craindre, Messire, assura l'architecte avec un sourire de soulagement.
Il conduisit le chevalier et son écuyer à l'extérieur des remparts. Près de l'enceinte, ils aperçurent un attroupement. Des gardes en tunique blanche repoussaient les curieux.

– C’est là, dit l’architecte.
En se penchant sur le fossé, Hugo et Ancelin virent le corps d’un homme écrasé sous une énorme pierre. Celle-ci était une gargouille, semblable à celles qu’ils avaient vues la veille dans l’atelier de maître Rouhault. Elle représentait la tête d’un diable dont la gueule béante exhibait des dents de loup.
– C’est Garin, mon serviteur, chuchota Geoffroy en roulant des yeux terrifiés.
Effectivement, sous le monstre de pierre, ils reconnurent le visage balafré de l’homme qui avait cherché à les assassiner.
– Un diable écrasé par le diable ! ricana Ancelin. Tu ne voudrais pas que j’aie du chagrin ?
– Garin était un homme d’une force prodigieuse. Il était invincible. Et cette pierre ! Elle doit peser dans les mille livres. Personne n’est capable de porter une telle masse : tout cela n’est pas naturel ! dit l’architecte avec effroi.
– Vous croyez que le ciel vous punit ? demanda Hugo.
Geoffroy d’Abbeville secoua la tête avec désespoir.
– Ce n’est pas tout. Venez !
Il les mena jusqu’à sa demeure. Ils la traversèrent et aboutirent dans un petit jardin, à l’arrière. Sur un muret reposait la Vierge qu’ils avaient admirée chez maître Rouhault. Mais, en s’approchant, ils virent que le beau visage de la statue avait été

mutilé. Une main sacrilège lui avait coupé le nez et planté de gros clous de fer dans les yeux.

– Vous voyez, dit l'architecte en tremblant. Ce n'est pas le ciel, mais plutôt l'enfer ! Maintenant, ils veulent s'en prendre à mon enfant. Aidez-moi ! implora-t-il. Je vous donnerai de l'argent, je ferai tout ce que vous voudrez.

Hugo aperçut sur le seuil de la maison la vieille dame qui s'était moquée de lui la veille. Elle le regardait intensément, et son visage anxieux et suppliant lui fit comprendre que le danger était sérieux.

– Pour commencer, dit-il à Geoffroy, vous allez me dire toute la vérité. Si je m'aperçois que vous mentez, je vous laisserai tomber.

Ils entrèrent dans la maison et s'assirent au coin du feu. Sarah se tenait là, toute pâle et tremblante, à côté de sa grand-mère.

– Laissez-nous, demanda l'architecte d'une voix empreinte de douceur.

Lorsque les femmes eurent disparu, il commença :

– Il y a deux ans, Guillaume d'Entremont a fait appel à moi pour succéder à Pierre de Meaux. Le chantier de la cathédrale avait pris du retard à la suite de l'accident survenu à l'architecte. D'autre part, des vols avaient été commis, et l'évêque subodorait un commerce d'objets sacrés. Enfin, les chanoines ne savaient pas gérer la construction : les dépenses étaient exagérées. Bref, mon premier travail a consisté à remettre de l'ordre dans les comptes, à recruter de nouveaux ouvriers et à faire respecter la discipline. En quelques mois, j'ai rétabli la situation, à la satisfaction de l'évêque.

Geoffroy prit une grande inspiration :

– C'est à ce moment-là qu'un jeune moine est venu me trouver.

– Viktor ? Je croyais que c'était vous qui l'aviez sollicité ! dit Hugo.

– C'est possible, reconnut l'architecte. Viktor avait entrepris des recherches sur l'ancienne cathédrale, construite à l'époque de Charlemagne.

– Celle qui se trouve sous la nouvelle ?

– Celle-là même, dit Geoffroy. Au début, Viktor se contentait de tourner autour de la cathédrale en construction. Puis, un jour, il est venu me trouver. Il voulait pénétrer secrètement dans la crypte souterraine, la partie subsistant de l'ancien édifice.

– Qui a eu cette idée ? Vous êtes sûr que c'est Viktor ?

– C'est lui, je vous le jure ! s'écria Geoffroy. Je lui ai fait remarquer que j'avais besoin de l'autorisation de l'évêque. Mais cette autorisation, Viktor l'avait déjà demandée et il ne l'avait pas obtenue.

– C'est alors qu'il vous a parlé du trésor d'Harald, n'est-ce pas ? devina Hugo.

– C'est exact, reconnut l'architecte. Je pensais qu'il s'agissait d'une légende, mais Viktor était persuadé du contraire.

– Pourquoi n'a-t-il pas parlé du trésor à l'évêque ?

Geoffroy d'Abbeville eut un rire ironique :
– On voit bien que vous ne connaissez pas le seigneur d'Entremont ! Cet homme a toujours besoin d'argent. Pour trouver le trésor, il aurait été capable de démolir la cathédrale pierre par pierre. Or, Viktor ne s'intéressait pas à l'or. Ce qui le passionnait, c'était l'histoire, les souvenirs d'Harald et d'Odilon, les origines d'Entremont.
Geoffroy approcha son visage de l'oreille de Hugo et chuchota :
– Il soupçonnait l'évêque d'avoir vendu lui-même les précieux objets de l'ancienne cathédrale, puis d'avoir fait condamner l'entrée de la crypte pour effacer les traces de son forfait.
– Donc, vous avez pénétré sans autorisation dans la crypte interdite ?
– C'est vrai, confessa l'architecte.
– Et vous avez découvert le trésor.
– Hélas ! non, soupira Geoffroy. Mais certains l'ont cru comme vous. J'avais engagé trois maçons étrangers au pays. Ces hommes nous ont aidés à desceller les dalles, à creuser le sol et à pénétrer dans le chœur de la vieille cathédrale. Chaque nuit, Viktor venait nous rejoindre. Nous sondions inlassablement le sol et les murs. Nous avons découvert bien des choses, même un souterrain secret, mais aucun trésor. Viktor prenait des notes et faisait des croquis.
– Sur le carnet que vous m'avez volé, dit Hugo.
L'architecte fit semblant de n'avoir rien entendu.

– Au bout de trois mois, poursuivit-il, j'ai eu peur qu'on découvre notre activité nocturne et j'ai fait refermer la crypte. Mais nos complices ont cru que nous avions découvert le trésor et que nous l'avions déménagé en cachette.

– Vous voulez parler sans doute des trois hommes qui ont tenté de me tuer, n'est-ce pas ? demanda Hugo.

– Oui, et vous avez bien fait de les supprimer, dit l'architecte. Ces hommes étaient de vrais monstres. Ce sont eux qui ont torturé Viktor. Ensuite, ils m'ont enterré vivant pour me forcer à avouer l'emplacement du trésor.

Hugo fit quelques pas devant la cheminée, tête baissée, comme s'il réfléchissait. Enfin, il releva la tête et regarda l'architecte au fond des yeux :

– Si j'ai bonne mémoire, vous n'êtes pas qu'une malheureuse victime dans cette affaire. Vous avez cherché à nous tuer, mon écuyer et moi, en faisant écrouler sur nous une partie de la voûte, puis en ordonnant à vos complices de nous attaquer !

– Et en me poussant sous un chariot ! gronda Ancelin.

– Je voulais seulement vous effrayer, assura Geoffroy. Vous obliger à abandonner votre enquête.

Hugo se rassit :

– Pour quelle raison ? Vous aviez peur que je trouve votre fameux trésor ?

L'architecte secoua la tête :

– Le trésor n'existe pas. Je craignais que vous

finissiez par découvrir la vérité : j'avais désobéi aux ordres de l'évêque ! Guillaume d'Entremont est un homme impitoyable. S'il venait à apprendre mon sacrilège, qui sait ce qu'il ferait ? Il me chasserait, ce qui serait le moindre mal, ou bien il me ferait pendre !

Brusquement, Geoffroy d'Abbeville saisit la main de Hugo.

– Vous allez m'aider, n'est-ce pas ?

– Pourquoi moi ? demanda Hugo en se dégageant avec une répulsion involontaire. Vous êtes assez riche pour recruter des gardes, toute une troupe.

– J'avais un garde du corps. Vous avez vu ce qu'ils ont fait de lui ! se lamenta Geoffroy. Ils sont puissants.

– Pourquoi moi ? répéta Hugo.

– Parce que tu es le fils de Marcantour, murmura l'architecte. Le Seigneur aux mains rouges te protège !

– Je ne suis pas un brigand ! s'emporta Hugo.

Il se leva si brusquement que son siège tomba avec fracas.

– D'ailleurs, pourquoi aurais-tu confiance en moi ? ajouta-t-il. Tu sais que je ne suis pas ton ami !

– Parce que tu m'as sauvé la vie, dit Geoffroy. Maintenant, c'est ma fille qui est menacée. Tu as vu de quelle manière ils ont profané la statue. Ils sont capables de la défigurer. C'est horrible !

Il se mit à pleurer.

– Qui sont ces hommes ? demanda Hugo.
L’architecte le regarda d’un air égaré.
– Des hommes ? balbutia-t-il. Non, non ! Ce sont des démons !

10

Hugo aurait voulu refuser d'aider l'architecte, car l'homme ne lui était pas sympathique. Comment oublier qu'il avait tenté de les supprimer à plusieurs reprises ? Mais il y avait un mystère à Entremont, et le jeune chevalier brûlait de le découvrir.
Il promit donc d'aider Geoffroy, à condition que celui-ci intervienne auprès de l'évêque pour obtenir la libération de Pierre de Meaux, innocent de l'assassinat de Viktor.
Dès le lendemain, l'architecte tint parole. Il recueillit des témoignages et apporta la preuve que les vrais coupables étaient les trois étrangers trouvés morts en dehors de la ville. On trouva sur eux divers objets ayant appartenu à Viktor, notamment son précieux carnet. Après une brève enquête, l'évêque fit relâcher Pierre de Meaux.
Sitôt libéré, le vieil homme parcourut la ville en répétant :

– Prenez garde à la malédiction ! Elle vous frappera, comme elle s'est abattue sur moi. N'approchez pas de la cathédrale, ce lieu maudit !
Au début, les ouvriers se moquaient des propos délirants de l'infirme. Cependant, les jours suivants, la malédiction annoncée parut se réaliser. Un échafaudage s'effondra, provoquant la mort de deux manœuvres. Puis la remise d'un forgeron prit feu en pleine nuit d'une manière inexplicable. Les hommes se mirent à murmurer. Ils racontaient que des lumières surgissaient vers minuit sur le chantier déserté. C'étaient les fantômes des Vikings qui hantaient encore l'endroit où ils avaient péri.
L'évêque interdit à quiconque de proférer ces paroles sacrilèges à propos du lieu saint. Mais les ouvriers se réunirent en cachette. Certains d'entre eux partirent avec leur famille, sans réclamer leur salaire, de peur que l'évêque ne les retienne contre leur gré. D'autres, au contraire, firent appel au seigneur d'Entremont pour assurer leur protection. L'évêque envoya des gardes, mais, une semaine plus tard, il les rappela, car il avait besoin de tous ses soldats pour faire la guerre à l'un de ses voisins, le seigneur de Ricord, qui lui disputait certains de ses domaines.
Après les ouvriers, les bourgeois eux-mêmes se mirent à évoquer la malédiction. C'étaient eux qui finançaient en grande partie la construction de la cathédrale. Or, avec ces manifestations diaboliques, Entremont attirait maintenant plus de

curieux que d'acheteurs. La foire de la cité s'appauvrissait. La maigreur des recettes entraîna une diminution des contributions. La caisse des chanoines était vide. Les travaux n'avançaient plus, à la fureur de l'évêque.

Les bourgeois obtinrent de celui-ci la permission de reconstituer la milice, qu'il avait interdite autrefois pour mieux asseoir sa propre autorité. Les commerçants purent s'armer et monter la garde à tour de rôle autour de la palissade.

Tout fiers de leur importance, ils se moquaient des ouvriers qui avaient peur des fantômes. Jusqu'au jour où quatre bourgeois disparurent. Un bûcheron les retrouva deux jours plus tard, ficelés à un arbre au milieu de la forêt. Ils racontèrent qu'ils avaient été enlevés par des géants blonds, armés de haches et vêtus de fourrures.

Des Vikings !

Mais les Vikings avaient disparu depuis plus d'un siècle. Étaient-ce leurs fantômes qui revenaient pour se venger de ceux qui les avaient massacrés ?

À partir de ce jour-là, les bourgeois restèrent chez eux, et plus personne ne garda le chantier. La nuit tombée, celui-ci restait vide derrière sa palissade fermée.

Geoffroy d'Abbeville ne doutait pas que, à travers tout cela, c'était lui qui était visé. Des coups ébranlaient sa porte en pleine nuit, alors que la rue était déserte. Ses chiens, de vrais molosses, furent retrouvés empoisonnés. De mystérieux appels,

qu'on aurait dit venus de l'au-delà, retentissaient dans son jardin. Les servantes, terrorisées, se sauvèrent. Sarah elle-même supplia son père de partir.
– Impossible ! dit Geoffroy. L'évêque me ferait aussitôt emprisonner si je partais sans autorisation.
– Alors, je partirai sans vous ! s'écria Sarah. Le seigneur de Bayeux a promis de m'épouser. Je deviendrai une dame. J'irai vivre en Normandie. Et vous en feriez autant si vous aviez un peu de sens !
– Folle ! s'emporta l'architecte. Tu ne sais même pas qui est cet homme !
– Un grand seigneur, répliqua Sarah.
– S'il est aussi grand, pourquoi épouserait-il la fille d'un simple architecte ?
– Parce que je suis belle... et que je serai bientôt riche ! dit-elle d'un ton de défi.
Cette scène avait lieu en présence de Hugo. Bien qu'il n'aimât guère le caractère orgueilleux et égoïste de la jeune fille, le jeune chevalier intervint :
– Votre père a raison ! Le danger rôde autour de nous. Et ce seigneur ne m'inspire pas confiance.
– Vous êtes jaloux de lui, dit Sarah avec un petit rire dédaigneux.
Hugo leva les yeux au ciel avec une mine exaspérée.
– En tout cas, sa compagnie est préférable à celle d'un brigand ! ajouta Sarah.
– Tu ne partiras pas ! cria Geoffroy. Je t'enfermerai s'il le faut !

C'est ce qu'il fit. Dès que Sarah eut regagné sa chambre, l'architecte ferma sa porte à double tour. Puis il supplia Hugo et Ancelin de veiller avec lui cette nuit-là. Hugo accepta.
Vers trois heures du matin, ils virent des ombres passer dans le jardin. Ils sortirent, l'épée à la main. Geoffroy et ses serviteurs les rejoignirent avec des torches. Les rôdeurs s'enfuirent en escaladant le mur du jardin. Hugo les poursuivit, mais ils disparurent dans les ruelles obscures.
Après cette alerte, la nuit fut tranquille. Vers le matin, Hugo s'endormit au coin du feu. Il fut réveillé par les cris de l'architecte.
– Sarah n'est plus là ! On l'a enlevée !

11

La chambre de Sarah était vide. En examinant sa porte, ils constatèrent que la serrure avait été forcée de l'extérieur. L'enlèvement de la jeune fille avait dû être perpétré pendant qu'ils se trouvaient au jardin.

– Leur coup était bien préparé ! dit Hugo.

Acharné à poursuivre les rôdeurs, il avait oublié Sarah ; c'était bien ce qu'escomptaient ses ravisseurs.

– Ils vont la torturer ! se lamenta l'architecte.

– Pourquoi feraient-ils ça ?

– Pour la forcer à avouer.

Hugo haussa les épaules :

– Avouer quoi ? Elle n'a rien à dire !

Geoffroy se mit à sangloter :

– Ils ne la croiront jamais !

– Si elle est en ville, nous la retrouverons vite, lui assura Hugo. Et si ses ravisseurs l'ont emmenée plus loin, je ne tarderai pas à les rattraper.

Son premier souci fut de rechercher Henri de Bayeux. On lui indiqua l'auberge où résidait le Normand. Il s'y rendit et ne fut guère surpris d'apprendre que celui-ci était parti.
– Ce matin de bonne heure, précisa l'aubergiste.
– Où est-il allé ?
– Il a dit qu'il regagnait son pays, la Normandie. Il a pris la route du nord avec ses gens.
– Y avait-il une jeune fille avec lui ?
L'aubergiste sourit d'un air mystérieux :
– Une noble dame, oui.
– Pourquoi noble ?
– Son visage était voilé, mais elle avait grande allure, et messire de Bayeux la traitait comme une vraie princesse.
Après avoir remercié l'aubergiste, Hugo attira Ancelin à l'écart et lui murmura :
– C'est bien ce que je pensais : Sarah n'a pas été enlevée. Elle est partie de son plein gré avec son grand seigneur.
– Qu'elle aille au diable ! maugréa Ancelin, qui détestait la donzelle.
– J'ai promis à son père de la ramener, dit Hugo. Elle se trouve peut-être en danger. Ce Bayeux a un air qui me déplaît, et j'ai hâte d'avoir une petite conversation avec lui.
Ils récupérèrent leurs chevaux, puis ils s'élancèrent sur la route du nord. Les bêtes, bien reposées, étaient heureuses de galoper et elles filaient comme le vent. Au bout de dix kilomètres, ils rat-

trapèrent le petit cortège des Normands. Bayeux chevauchait en tête. Derrière lui venaient trois valets armés, à la mine sinistre, puis, sur une petite jument grise, une jeune fille enveloppée dans un manteau bleu.

– Vous êtes parti bien vite, Messire, constata Hugo.

– Fallait-il votre permission ? répliqua le Normand.

– La mienne, non, mais la permission du père de cette demoiselle !

– Son père, vous êtes sûr ? s'étonna le Normand avec un sourire moqueur.

– Sarah, venez avec moi, ordonna Hugo en ôtant brusquement le capuchon de la jeune fille.

Celle-ci se tourna vers lui en souriant. Elle était blonde et un peu grasse.

– Je veux bien vous accompagner, dit-elle d'un air malicieux, mais je ne suis pas Sarah.

– En voilà des manières ! plaisanta Henri de Bayeux.

Hugo rougit violemment.

– Où est Sarah ?

– Chez son père, je présume, dit le Normand.

– Vous ne l'avez pas vue ?

– Pas depuis avant-hier.

– J'espère que vous dites vrai.

Sans relever le ton menaçant du jeune chevalier, Bayeux haussa les épaules :

– Pourquoi mentirais-je ?

– Parce que Sarah parlait de gagner la Normandie et de devenir votre épouse.
– C'est flatteur pour moi, dit Bayeux.
Les paroles étaient courtoises, mais l'accent ironique.
Hugo s'inclina devant la jeune fille blonde.
– Pardonnez mon erreur, murmura-t-il.
Il rejoignit Ancelin et ils reprirent aussitôt la route d'Entremont.
– Ce Bayeux ne m'inspire pas confiance ! cria l'écuyer tout en chevauchant.
– À moi non plus, dit Hugo. J'ai l'impression de m'être laissé prendre au piège une fois de plus. Ce départ était prémédité. En nous incitant à le poursuivre, Bayeux nous a fait perdre un temps précieux !
Ils atteignirent Entremont juste avant la fermeture des portes. Après avoir ramené leurs chevaux à l'auberge, ils se précipitèrent chez l'architecte. La nuit était tombée. Les rues étaient désertes. Derrière les vitraux obscurs de la demeure, ils virent passer des formes lumineuses, pareilles à des fantômes.
– Étrange, murmura Hugo.
La maison était silencieuse.
– Je frappe ? proposa Ancelin.
Hugo retint son bras :
– Attends ! Passons plutôt par le jardin.
Il avait une prémonition d'un danger imminent. Les deux adolescents gagnèrent une ruelle que

bordait le mur incurvé du jardin. Après avoir escaladé celui-ci, ils se mirent à observer la façade arrière de la demeure. De temps à autre, l'éclair d'un flambeau passait devant une fenêtre.
– Ils fouillent la maison, chuchota Hugo.
– Qui ? demanda Ancelin.
– C'est ce qu'il faut découvrir.
Ils s'avancèrent en silence, montèrent trois marches et ouvrirent la porte. Un petit corridor conduisait du jardin à la salle qu'ils connaissaient. Ils perçurent des voix inquiétantes s'exprimant en une langue étrangère et rude. La porte était entrebâillée. Dissimulés dans l'ombre, ils regardèrent dans la grande salle.
Devant la cheminée éteinte était assis l'architecte. Il avait l'air terrorisé. Six personnages menaçants se dressaient autour de lui. C'étaient des géants blonds, vêtus de fourrures, coiffés de casques et armés de haches.
– Des Vikings ! murmura Ancelin, sidéré.
Deux d'entre eux brandissaient des torches qu'ils approchaient du visage de Geoffroy. Celui-ci reculait avec frayeur en gémissant. Soudain, celui qui semblait être le chef des Vikings empoigna l'architecte par sa tunique, le souleva et le projeta en avant si brutalement qu'il faillit s'étaler.
– Qu'est-ce qu'on fait ? chuchota l'écuyer.
Hugo mit un doigt sur ses lèvres :
– On va les suivre.
Tandis que les Vikings entraînaient l'architecte,

Hugo et Ancelin entrèrent dans la salle. La mère de Geoffroy et ses deux serviteurs gisaient sur le sol, ligotés et bâillonnés. Hugo les délivra en leur recommandant d'attendre leur retour en silence, puis il s'élança avec Ancelin à la poursuite des Vikings. Ils retrouvèrent ceux-ci aux abords du chantier. Arrivés à la barrière, les six guerriers et leur prisonnier la franchirent comme des fantômes. Hugo et Ancelin virent leurs torches danser entre les piliers.

– Allons-y, dit Hugo.

En examinant la palissade, le jeune chevalier s'aperçut que plusieurs planches avaient été déclouées. Ils franchirent l'enceinte à leur tour et s'approchèrent de la cathédrale.

– Où sont-ils ? chuchota Ancelin.

Les torches avaient disparu. Hugo et Ancelin avancèrent avec prudence. Les lieux étaient déserts et silencieux. Ils inspectèrent l'édifice, le chantier, les constructions de bois, les palissades. Au bout d'une demi-heure, ils durent se rendre à l'évidence : il n'y avait plus personne.

Les Vikings s'étaient volatilisés.

12

– Ce sont des esprits ? balbutia Ancelin.
– Je ne crois pas aux fantômes, surtout à ceux qui doivent arracher des planches pour franchir une palissade ! répliqua Hugo.
– Alors comment expliques-tu ces Vikings, leur apparition, leur disparition ?
– C'est ce que nous allons éclaircir.
Cependant, le temps passait. La nuit était glaciale. Le vent du nord hurlait entre les piliers et faisait claquer les toitures des remises. Il soulevait des tourbillons de sable qui les aveuglait.
Soudain, la main de Hugo broya l'épaule d'Ancelin.
– Regarde, murmura-t-il.
Les cheveux de l'écuyer se hérissèrent : une dalle se soulevait lentement à quelques pas d'eux. La pierre glissa sur le côté, tandis qu'une faible lueur apparaissait au ras du sol. Une ombre se profila sur le mur de la cathédrale. C'était un démon

cornu qui se redressa, grandit, s'éleva et s'évanouit dans les airs.
Après sa disparition, une tête surgit du sol.
– Un Viking ! balbutia Ancelin.
Dissimulés derrière un pilier, les deux adolescents virent le guerrier sortir de terre. Comme ceux qu'ils avaient déjà aperçus, il était vêtu de fourrures et coiffé d'un casque à crête de métal. Il se baissa, remit la dalle en place, éteignit sa torche, franchit la palissade et disparut dans la nuit.
– C'est un tombeau, murmura Ancelin.
– Non, c'est la fameuse crypte dont parlait Geoffroy, le chœur de l'ancienne cathédrale. Viens, dit Hugo.
Ils s'avancèrent vers l'endroit où le guerrier était apparu et cherchèrent la dalle qu'il avait déplacée. Mais l'obscurité gênait leur tâche.
– Cette pierre est celle que Geoffroy a fait remplacer. Elle doit être toute neuve, plus lisse que les autres.
Ils effleurèrent le sol.
– Celle-là ! dit Ancelin.
La pierre était moins rugueuse que ses voisines. Ils introduisirent leurs lames dans l'interstice et soulevèrent la dalle.
– Bien joué ! murmura Hugo.
Ils firent glisser la pierre et devinèrent un escalier étroit qui s'enfonçait dans le sol. Hugo commença à descendre les marches. Il progressait lentement dans les ténèbres. L'escalier tournait. Dans le fond

retentissaient des bruits indistincts. Comme ils devaient s'attendre à rencontrer d'autres guerriers, Hugo s'immobilisa et tira son épée.
Au bas des escaliers une lumière vacillante éclairait le sol. De gros piliers soutenaient une voûte sombre. Les deux jeunes gens entendirent des voix. L'une d'elles était violente, l'autre faible et tremblante.
Avançant de pilier en pilier, ils parvinrent au cœur de la vieille cathédrale. L'espace dessinait un cercle. Des torches étaient fixées aux piliers. Les murs étaient faits de briques et le sol pavé de pierres. Cependant, Hugo et Ancelin ne prêtaient pas attention au décor. Ils regardaient la scène qui se déroulait sous leurs yeux : cinq géants aux longues chevelures et aux barbes blondes entouraient Geoffroy d'Abbeville assis sur un tabouret de fer.
– Tu vas te décider ? lança l'un d'eux, le seul à parler un langage compréhensible.
– Hélas, je n'ai rien à dire ! se lamenta Geoffroy.
– Tu mens ! Nous savons que tu as découvert le trésor. Cet or nous appartient.
– Si je l'avais, je vous le donnerais, protesta Geoffroy d'une voix gémissante.
Le Viking ricana :
– Tu ne l'as pas, c'est vrai. Pas si bête ! Tu l'as laissé où il était. Tu avais trop peur qu'on te surprenne, car la cathédrale était surveillée. Ce sont nos fantômes qui ont éloigné les curieux.

Il lui tapota le crâne.
– Et puis tu ne tenais pas à partager, n'est-ce pas ? Il fallait éloigner tes complices. Merci d'avoir conservé notre or bien au chaud. Et maintenant, où est-il ? Parle ! gronda-t-il d'une voix effrayante.
Geoffroy se tordit les mains :
– Je l'ignore. Je vous le jure !
– C'est ce que nous allons voir, dit le Viking avec un rire cruel.
Il s'avança vers la pierre d'autel qui se dressait au milieu du chœur. Au pied du bloc, une silhouette menue était recroquevillée dans l'ombre. Le guerrier la saisit par les cheveux et la souleva brutalement. Elle poussa un cri de douleur et d'épouvante. Hugo et Ancelin reconnurent Sarah.
– Ma fille, mon enfant ! Ne lui faites pas de mal, supplia l'architecte.
– Alors parle ! Sinon…
Le Viking saisit un poignard à la lame effilée et l'approcha des yeux de Sarah. Hugo se souvint de l'atroce image de la vierge mutilée.

13

– Lâchez-la ! Je vous dirai tout, hurla Geoffroy en se débattant entre les bras robustes des guerriers.
Hugo, qui se préparait à bondir au secours de Sarah, abaissa son épée.
– Dépêche-toi ! ordonna le chef des Vikings.
– C'est là, contre le mur, dans le tombeau du duc Odilon.
Les Vikings éclairèrent l'endroit indiqué. La lumière révéla une pierre marquée d'une double croix traversée d'une épée, l'emblème du duc.
– Ôtez la pierre, dit l'architecte.
– Nous l'avons déjà fait, le trésor n'est pas là. Tu te moques de nous ! gronda celui qui maintenait Sarah.
– Faites ce que je vous dis ! s'écria Geoffroy.
Le chef donna des ordres à ses hommes dans la langue rude des Vikings. Ils ramassèrent des pics, dégagèrent la pierre et la firent basculer. Dans la cavité mise au jour reposait un cercueil de pierre.

– Il n'y a rien dans le tombeau, seulement de vieux ossements !
La lame du Viking frôla les yeux de Sarah, qui se mit à hurler.
– Enlevez le cercueil ! insista Geoffroy.
Les Vikings soulevèrent le lourd sarcophage et le déposèrent sur le sol de la crypte.
– Cherchez au fond du caveau, dit Geoffroy, derrière cette pierre marquée d'une simple croix. C'est là !
– Enfin ! triompha le chef viking en poussant Sarah dans les bras de son père.
Obéissant aux ordres, ses guerriers se hâtèrent de dégager la pierre. Derrière, une niche plus grande que le caveau renfermait quatre coffres de bois. Les Vikings les sortirent et ouvrirent l'un d'eux. Le trésor apparut. Les yeux des guerriers brillèrent de convoitise.
– Le trésor d'Harald ! rugit le chef.
Il saisit l'or et les joyaux à pleines mains et les laissa couler entre ses doigts avides. Puis il donna un ordre. Les guerriers chargèrent les coffres sur leurs épaules et gravirent l'escalier de la crypte. Hugo et Ancelin, toujours cachés derrière leurs piliers, les regardèrent passer sans intervenir. Le chef des Vikings demeura en arrière. Il saisit sa hache posée sur l'autel et s'avança vers Geoffroy et sa fille.
– Maintenant, il reste une petite formalité à accomplir, dit-il avec un rire cruel.
Il leva son arme pour l'abattre sur l'architecte.

14

Au moment où la hache allait atteindre Geoffroy, Hugo bondit sur le Viking. Dévié, le fer tranchant manqua de peu le crâne de l'architecte et l'atteignit à l'épaule. Geoffroy tomba sur le sol en hurlant de douleur.

Surpris par l'attaque, le géant blond se ressaisit aussitôt. Il fit face aux deux adolescents. D'un geste foudroyant il lança sa hache sur Ancelin. Celui-ci évita le fer ; cependant, le manche de bois le toucha en plein front. À moitié assommé, l'écuyer poussa un grognement et mit un genou en terre.

– À nous deux ! rugit le Viking en tirant sa large épée.

Il chargea Hugo avec une joie sauvage. Le jeune chevalier se jeta à gauche. La grande épée le frôla ; l'épaule du guerrier, heurtant la sienne, le projeta violemment contre un pilier.

Le Viking se mit à rire. Il ramassa sa hache de la

main gauche et, tenant son épée de la droite, il marcha sur Hugo qu'il croyait tenir à sa merci. Il feinta, puis assena un coup puissant. Hugo se baissa, l'épée entailla la pierre du pilier.
Le jeune chevalier repoussa son gigantesque adversaire d'un coup de pied, mais il eut l'impression de heurter un rocher. L'homme était lourd, il dégageait une odeur de fauve.
– Meurs ! hurla le Viking en se jetant sur Hugo.
Il ne rencontra que le vide. Peu à peu, le jeune chevalier prenait la mesure de son adversaire. Sa lame atteignit le Viking en pleine poitrine. Protégé par sa fourrure doublée de cuir, le géant sentit à peine la blessure. Il se retourna en grognant et frappa à son tour. Hugo fit un bond de côté, puis il se mit à tourner autour du guerrier en le harcelant sans répit.
Exaspéré d'être le jouet d'un si frêle ennemi, le Viking se laissa emporter par la fureur. Il se rua sur Hugo pour l'écraser de toute sa masse. Au lieu de reculer, Hugo s'adossa à un pilier et pointa son épée. La lame perça le cœur du géant, qui tomba sur le sol en poussant un grand cri.
Hugo contempla avec une admiration involontaire son gigantesque adversaire étendu les bras en croix.
À quelques pas de là, Ancelin s'était relevé.
Sarah se tenait agenouillée auprès de son père, qui gémissait faiblement.
– Pardonne-moi, père, je t'en supplie, dit la jeune

fille dans un sanglot. Tout est ma faute. Je me suis laissé séduire par Henri de Bayeux. Je l'aimais. Il avait promis de m'épouser. J'ai cru à ses serments. En réalité, il ne s'intéressait qu'au trésor. Pour le conquérir, je lui ai dit que nous serions bientôt riches. Tu m'avais fait jurer de ne parler du trésor sous aucun prétexte. Je t'ai désobéi : je lui ai raconté que tu avais découvert le trésor d'Harald. En récompense, il m'a livrée à ces brutes !

– Ce n'est rien, Sarah, murmura Geoffroy. Je n'ai que ce que je mérite. L'or m'a aveuglé. Pour le garder, j'ai commis de mauvaises actions. Que Dieu me pardonne !

La souffrance lui arracha un gémissement. Ses yeux se fermèrent. Hugo vit que la hache du Viking lui avait entaillé la base du cou. De sa blessure coulait un flot de sang qui lui inondait la poitrine.

– Aidez-le ! supplia Sarah.

– Il est trop tard, murmura Hugo. Le coup est mortel.

En dépit des crimes de l'architecte, il ne pouvait s'empêcher de le plaindre.

Geoffroy poussa un cri. Son corps se raidit. Sa tête retomba en arrière. Il cessa de respirer.

– Pauvre père, je l'ai tué, sanglota Sarah. Si j'avais su où se trouvait le trésor, je l'aurais donné sans regret. Hélas, je l'ignorais.

Hugo saisit la jeune fille par la main.

– Venez, dit-il. Il faut partir. Ne voyant pas leur

chef arriver, les Vikings vont revenir et, quand ils le verront, ils voudront le venger.

– Les Vikings ? Tu es sûr ? Regarde ! s'écria Ancelin.

En écartant la fourrure du guerrier, il venait de dévoiler une tunique rouge.

– Un Diable Rouge ! murmura Hugo. Mais alors...

– Ces hommes sont de faux Vikings, confirma Ancelin. En réalité, ce sont des Diables de Marcantour, et leur véritable chef, c'est le Seigneur aux mains rouges.

– Derrière tout ça, il y aurait donc mon père ! s'écria Hugo, effondré.

– Et le trésor d'Harald est à lui maintenant, ricana Ancelin. Bien joué, messire le brigand !

15

– Il n'y a pas une minute à perdre ! s'écria Hugo. Les autres vont revenir. Ancelin, tu vas reconduire Sarah chez sa grand-mère. Pendant ce temps, je surveillerai la crypte. Il faut que je sache où ils ont emmené le trésor.

Accablée de chagrin, la jeune fille se laissa emmener sans réagir. Hugo sortit de la crypte et se cacha à proximité. Il n'eut pas très longtemps à attendre. Du côté de la palissade, une torche parut et s'avança vers l'escalier de la crypte.

Celui qui la portait était vêtu comme un Viking. Hugo le vit disparaître dans le souterrain. Au bout de quelques minutes, l'homme ressortit et regarda autour de lui avec attention. Rassuré par le silence environnant, il appuya sa torche contre un pilier et remit en place la dalle qui condamnait l'accès de l'ancienne cathédrale. Ensuite, il reprit la torche et sortit du chantier à vive allure.

« Il doit être impatient d'apprendre à son maître

que son complot est découvert », songea Hugo.
Le jeune chevalier emboîta le pas au faux Viking dans les rues désertes de la cité. Un vent furieux couchait la flamme de la torche. De temps en temps, l'homme s'arrêtait et regardait derrière lui pour vérifier s'il n'était pas suivi. Hugo se cachait sous les porches avec la complicité de la nuit. Puis il reprenait sa filature, guidé par la faible lueur qui s'éloignait.

De rue en rue, le brigand l'entraîna à l'autre extrémité de la ville. Ils atteignirent un quartier misérable parsemé de maisons en ruine. Des silhouettes inquiétantes surgissaient parfois de l'ombre pour s'évanouir presque aussitôt. Hugo sentait, autour de lui, des présences hostiles. Il tira son épée.

Devant lui, l'homme progressait plus lentement. On aurait dit qu'il hésitait. Ou bien alors, il avait remarqué qu'il était pris en chasse et il attendait que Hugo le rattrape.

Soudain, le jeune chevalier entendit un bruit métallique derrière son dos. Il se retourna. Personne. Dans une maison voisine une dispute éclata. Une porte claqua, et une femme s'enfuit dans la nuit en pleurant.

La scène avait duré quelques instants à peine. Mais lorsque Hugo regarda à nouveau devant lui, la ruelle était vide. La torche avait disparu. Avançant prudemment dans l'obscurité, il heurta un mur. Il réalisa que la ruelle était une impasse dont l'extrémité était fermée par le rempart de la cité.

À sa droite s'élevait une grande maison fortifiée. La porte de celle-ci était entrebâillée. Hugo la poussa avec la pointe de son épée. La demeure était silencieuse, mais il sentait que ce silence recelait une menace. Il perçut une odeur d'hommes et de chevaux.

Au-dessus de sa tête, le plancher craqua. Le jeune chevalier s'avança dans un couloir. Au bout, un rai de lumière l'invitait à entrer. Poussant doucement une nouvelle porte avec son épée, il se retrouva dans une pièce au plafond bas et voûté.

Au centre se dressait une table monumentale sur laquelle resplendissaient trois chandeliers d'or garnis de cierges blancs. Leurs flammes illuminaient un fabuleux trésor qui se répandait sur le bois sombre en une profusion d'or, de joyaux, de croix, de reliquaires et de poignards aux manches précieux.

– Le trésor d'Harald ! murmura Hugo, fasciné par les richesses étalées sous ses yeux.

– Le trésor de Marcantour ! rectifia une voix rude, que le jeune chevalier identifia sans peine, car c'était celle de son père : le Seigneur aux mains rouges.

16

– Toutes ces richesses appartiennent à l'Église, protesta Hugo. Vous devez les rendre !
Bernard de Marcantour partit d'un grand rire :
– Les rendre ! Alors que je me suis donné tant de peine pour les retrouver !
– Les lieux sacrés que vous avez violés, les crimes commis par vos brigands, c'est ça que vous appelez votre peine ? lança Hugo avec mépris.
Le regard de Marcantour brilla de colère :
– Ces lieux, d'autres les avaient violés avant moi ! Quant aux crimes, j'ignore ce que tu veux dire, Geoffroy d'Abbeville et Garin ? Ils sont morts, c'est vrai, mais c'étaient des canailles qui méritaient cent fois leur châtiment. Leurs complices ? Je te rappelle que c'est toi qui les as exécutés. Tu as bien fait, du reste, car ces misérables avaient torturé Viktor.
– En somme, vous êtes innocent, railla Hugo.
Marcantour haussa les épaules :
– J'ai récupéré un trésor oublié, dont plus per-

sonne ne croyait à l'existence. Qui pourrait m'en vouloir ?

– L'Église, répliqua Hugo. La plupart de ces richesses proviennent du pillage des églises et des monastères d'Auvergne.

– Et tu voudrais que je les rende ? Holà ! Mes brigands !

Répondant à son appel, les Diables Rouges envahirent la salle. Ils étaient beaucoup plus nombreux que Hugo l'avait imaginé. Tous regardaient la table avec cupidité. Le jeune chevalier comprit pourquoi son père se payait le luxe d'étaler son butin à la barbe des habitants d'Entremont. Qui aurait osé s'attaquer à lui ?

– Mon noble fils, Hugo, suggère de restituer le trésor à l'Église. Qu'en dites-vous ? demanda Marcantour.

Un grondement de colère parcourut la troupe. Certains brigands empoignèrent leurs armes.

– Tu vois, ils ne sont pas de ton avis, dit Marcantour d'un air faussement désolé. Surtout ceux-là.

Il poussa en avant un groupe de géants à la barbe blonde parmi lesquels Hugo reconnut les guerriers vus dans la crypte.

– Ce sont des Normands, expliqua Marcantour. Je les ai recrutés tout exprès pour jouer aux fantômes. Ils ont endossé l'équipement de leurs ancêtres vikings. Cette farce a suffi pour terroriser les bourgeois d'Entremont.

Les Diables Rouges s'esclaffèrent. L'un d'entre eux, un homme très brun au visage maigre et nerveux, demanda :
– Mais, dis-moi, à qui voulais-tu offrir notre trésor ?
– À l'Église, je vous l'ai dit, répondit Hugo.
– L'Église, ici, c'est ce loup féroce de Guillaume d'Entremont. C'est à lui que tu veux confier ces richesses ?
– Pourquoi pas ?
– Parce qu'il s'en servirait pour faire la guerre ! riposta Marcantour. Il ne fait que ça depuis des années. Son armée est en train de piller les domaines de notre allié, Arnaud de Ricord. Voilà pourquoi !
– Tandis que, entre vos mains, cet or servira à des œuvres pieuses, n'est-ce pas ? ironisa Hugo.
– C'est facile de faire le généreux avec un or qui ne t'appartient pas ! gronda l'homme brun. N'empêche que si tu n'étais pas le fils de Bernard de Marcantour, tu ne serais pas ici pour donner des leçons.
Hugo pointa son épée.
– Des leçons, j'en donne quand je veux, et je n'ai pas besoin pour ça de la protection de mon père, dit-il avec colère.
Un grondement furieux s'éleva du cercle des Diables Rouges, cependant que la grande épée de Bernard de Marcantour abaissait celle de son fils.
– Ce que Gauthier essaie de te faire comprendre, c'est qu'il t'a sauvé la vie, dit Marcantour.

– Ma vie ?
– À deux reprises, précisa Marcantour. La première fois, en transperçant de sa flèche le boiteux, qui a voulu te poignarder sur les ordres de l'architecte. L'archer mystérieux, c'était Gauthier. La seconde fois, c'était lorsque l'homme de main de Geoffroy d'Abbeville a tenté de te tuer. Gauthier et deux des nôtres l'ont éliminé. Ensuite, ils l'ont écrasé sous un monstre de pierre pour dissuader l'architecte de te faire du mal.
Hugo baissa la tête.
– Je l'ignorais, murmura-t-il.
Il était honteux de devoir la vie à des brigands. Maintenant, face à eux, il se sentait soudain désarmé.
– Et l'enlèvement de Sarah ? demanda-t-il.
Marcantour haussa les épaules :
– Ce n'était pas un enlèvement, tu le sais très bien ! Cette jeune fille est orgueilleuse et sans cervelle. Elle a suivi Bayeux de son plein gré. Mes hommes ne lui ont fait aucun mal. Il s'agissait seulement de lui faire peur pour obliger Abbeville à parler. Je ne m'attaque pas aux filles !
Il posa la main sur l'épaule de Hugo anéanti.
– Nous partirons à l'aube, dès l'ouverture des portes. Viens avec nous, proposa-t-il.
– Pourquoi ? Pour devenir brigand ?
– Pour fêter ça, dit Marcantour en montrant le trésor.

Hugo secoua la tête :
– Pour vous, c'est une fête. Pour moi, un déshonneur.
Il remit son épée au fourreau, traversa la foule des Diables Rouges et se perdit dans la nuit.
– Comme tu voudras, dit Marcantour.
On sentait, dans la voix du Seigneur aux mains rouges, autant de tristesse que de colère.

17

Durant les jours qui suivirent le départ des Diables de Marcantour, Ancelin ne reconnaissait plus son frère de lait. Hugo errait tristement dans les rues d'Entremont, indifférent aux événements qui bouleversaient la cité : la découverte du corps de Geoffroy d'Abbeville et de son meurtrier, l'entrée de Sarah au couvent Sainte-Madeleine, le retour de l'évêque et de son armée victorieuse, et enfin l'arrivée d'un jeune architecte appelé à remplacer Geoffroy.
Tout cela n'avait plus l'air de concerner Hugo. Ancelin attribua cette indifférence à l'échec qu'il avait subi face aux Diables Rouges. Hugo ne lui avait rien raconté de l'entrevue avec son père ni de son humiliation, si bien que l'écuyer pensa que les Diables de Marcantour avaient disparu cette nuit-là, emportant leur trésor.
Deux semaines plus tard, ils reprirent la route de Saint-Étienne-des-Forêts. Frère Louis avait appris

la mort de Viktor et il s'inquiétait de l'absence prolongé de son filleul.
À peine étaient-ils hors de la ville, qu'une maigre silhouette se dressa devant eux. Ils reconnurent Pierre de Meaux et son regard toujours aussi halluciné.
– Merci, mes jeunes seigneurs, dit-il.
– Merci ? Mais de quoi ? s'étonna Hugo en riant.
Le vieil homme cligna de l'œil :
– La malédiction a disparu avec le trésor. Et c'est grâce à vous !
– Hélas, je le voudrais bien, mais je n'y suis pour rien, soupira Hugo.
– Je suis seul à savoir, chuchota Pierre de Meaux avec une émotion soudaine. Hugo de Marcantour, tu es un brave et noble chevalier.
Il fit le geste de bénir les deux cavaliers avant de disparaître comme il était venu.
Ancelin se mit à rire :
– Ce fou n'est pas si fou !
– En tout cas, c'est le seul habitant de cette ville que je regretterai, dit Hugo.

Quelques jours plus tard, ils arrivèrent au monastère. Malgré l'heure tardive, frère Louis vint les accueillir. Il voulait entendre le récit de leur mission. Des pèlerins lui avaient raconté la mort tragique de Viktor et la peur qui régnait à Entremont. Hugo lui expliqua de quelle manière il avait puni les coupables, puis il évoqua le trésor d'Harald.

– Le trésor est une légende ! grogna Louis d'Aubepierre.
– C'est une belle réalité, rectifia Hugo.
– Tu l'as vu ? s'écria frère Louis, tout étonné.
Hugo sourit tristement :
– Comme je vous vois.
– Tu ne m'as rien dit ! protesta Ancelin.
Hugo haussa les épaules :
– Je n'allais pas me vanter de l'avoir laissé s'échapper !
– Attends ! coupa le prieur. Si j'ai bonne mémoire, ce Viking, Harald, a pillé tous les monastères. Tu as remarqué des objets sacrés, de saintes reliques ?
– De pures merveilles, confirma Hugo.
– Sais-tu que Saint-Étienne avait été pillé, lui aussi ?
Hugo hocha la tête en bâillant. Il avait chevauché durant des heures et commençait à être fatigué. Mais frère Louis n'avait guère envie de dormir. Il s'absenta quelques minutes et revint avec une brassée de parchemins.
– Regarde ça, dit-il d'une voix triomphante. Il y a un siècle, nos frères ont dessiné le trésor du monastère. Notre maison était riche à cette époque. Les Vikings ont emporté ce reliquaire, cette croix, et aussi cette crosse d'or qui a appartenu à saint Éloi.
– Je les reconnais, affirma Hugo.
– Tu les as vus ? s'écria le prieur en secouant son

filleul. Ils existent ? Ils n'ont pas été détruits ? Loué soit Dieu ! Il faut réclamer notre bien. Nous irons à Entremont. Dès demain !

– C'est inutile, dit Hugo. Le trésor n'est plus à Entremont.

– Où est-il, alors ? grogna frère Louis.

– Il est aux mains de Marcantour.

Le prieur serra les poings :

– Tu veux dire que ce brigand s'est emparé du trésor de l'Église ?

– Hélas, oui !

– Alors c'est à Marcantour que je me rendrai, dit Louis d'Aubepierre avec force.

Hugo leva les yeux au ciel :

– Vous voulez lever une armée ? Prendre d'assaut la forteresse ? Même le comte d'Auvergne y a renoncé !

– Une armée ? Ce serait faire trop d'honneur à ce pillard ! J'irai seul ! rugit le prieur.

– Je vous accompagne, dit Hugo d'une voix sombre.

18

Frère Louis, Hugo et Ancelin chevauchaient en silence. La route vertigineuse qu'ils suivaient, le jeune chevalier l'avait parcourue bien des fois pour se rendre chez son père. Il ne pouvait s'empêcher de songer que son parrain commettait une folie.

Qu'espérait-il ? Que Marcantour allait lui rendre son trésor en souvenir de leur ancienne amitié ? C'était mal connaître le Seigneur aux mains rouges. Celui-ci n'avait plus rien en commun avec Bernard de Marcantour, le glorieux chevalier qui avait combattu jadis aux côtés de Louis d'Aubepierre durant la deuxième croisade.

Hugo n'avait aucune envie de revoir son père. Il avait proposé à Louis de l'accompagner pour lui éviter d'être massacré par les Diables Rouges. « En ma présence, ils n'oseront pas », espérait-il.

Depuis la veille, les hommes de Marcantour avaient fait leur apparition. À mesure que les trois

cavaliers progressaient, ils distinguaient leurs tuniques rouges sur le flanc des montagnes et à l'orée des forêts. Les Diables Rouges surveillaient les voyageurs de loin, sans chercher à les arrêter.
Hugo connaissait bien cette tactique : il s'agissait d'encercler les cavaliers étrangers et de les empêcher de quitter le territoire de Marcantour une fois qu'ils avaient franchi ses limites. Un piège parfait destiné à tenir l'ennemi à distance et à décourager les espions.
Lorsqu'ils atteignirent enfin Marcantour, le Seigneur aux mains rouges les attendait au pied de la forteresse, entouré de ses lieutenants.
– Bienvenue, Louis, dit-il au prieur avec un sourire moqueur. Je savais que tu viendrais. Tu n'as pas changé !
Louis d'Aubepierre mit pied à terre et jeta un regard sévère à son compagnon d'armes.
– Hélas ! je ne peux pas en dire autant de toi, répliqua-t-il. Lorsque je t'ai connu, tu étais noble et courageux. Tu ressemblais à ton fils.
– Tandis qu'aujourd'hui je ressemble au diable, n'est-ce pas ? dit Bernard en riant de bon cœur.
Ses hommes se mirent à rire à leur tour. Ce n'était pas tous les jours qu'ils voyaient le Seigneur aux mains rouges d'humeur joyeuse. Marcantour fit un geste brutal, et le rire s'éteignit dans la gorge des brigands.
– Mais tu n'es pas ici pour me faire des compliments, je suppose. Il fait froid. Entrez, vous devez

être affamés ! Un repas vous attend.
– Je n'ai pas faim, grogna frère Louis. Je suis venu chercher le trésor de l'Église.
– Chez le diable ? dit Marcantour en riant.
– Une partie de ces richesses appartiennent à mon monastère.
– Appartenaient, corrigea Marcantour d'une voix doucereuse. En un siècle, il s'est passé bien des choses. L'or va et vient. Les barbares vikings ont pillé l'Église ; l'Église a pillé les biens des musulmans au nom de la Sainte Croix. Tu n'as pas oublié nos combats, nos victoires !
– J'ai essayé, soupira Louis d'Aubepierre.
Marcantour venait de l'atteindre au point sensible : Louis avait honte de l'époque, pourtant glorieuse, où on le surnommait le Prince du Désert, à cause de ses exploits. Après tant de victoires sanglantes, il avait renoncé à la vie guerrière et s'était fait religieux pour expier ses fautes.
– Tu te rappelles le butin de Damas ? poursuivit Marcantour, impitoyable. Et la dispute qui a opposé Luxembourg à Anjou au sujet du trésor de Resnaya ? C'était un duel de princes. Je te propose la même chose aujourd'hui. Nous allons nous affronter, et le vainqueur conservera le trésor des Vikings. Il me semble que c'est loyal, non ?
– Non, ça ne l'est pas ! s'emporta Hugo. Et vous le savez. Frère Louis a fait vœu de ne plus se battre. Du reste, le voudrait-il qu'il ne pourrait pas : il y a des années qu'il n'a plus tenu une épée.

Mais, avec votre permission, je combattrai à sa place.
– Toi, petit coq ?
Le Seigneur aux mains rouges contempla son fils avec ironie. Bernard de Marcantour était gigantesque, et il devait bien peser cinquante kilos de plus que Hugo.
– Dieu est avec moi, dit le jeune chevalier d'un ton de défi.
– Il en a de la chance ! railla Marcantour.
Louis d'Aubepierre posa une main apaisante sur l'épaule de Hugo.
– Tu n'auras pas à lever l'épée contre ton père, décida-t-il. J'accepte le duel.
– Nous nous battrons demain, si tu veux, le temps de te reposer, proposa Marcantour.
– Non, ici et tout de suite, exigea frère Louis.
Marcantour hocha la tête :
– Comme tu voudras.
Hugo détacha sa ceinture et tendit son arme à son parrain.
– Votre épée, dit-il.
C'était l'arme que Louis d'Aubepierre lui avait remise le jour où il était devenu chevalier, l'épée légendaire de Terre sainte. Depuis la croisade, sa lame avait été remplacée bien des fois, mais la garde était intacte.
Frère Louis s'en saisit et la fit tourner dans sa main.
– Attends, dit Marcantour. Tu ne vas pas combattre dans ta robe de moine !

Il interpella l'un de ses lieutenants.
– Une tunique pour messire d'Aubepierre !
– Tu ne t'imagines tout de même pas que je vais endosser l'habit des Diables Rouges ? gronda frère Louis.
Marcantour glissa quelques mots à l'oreille de son lieutenant. Celui-ci s'empressa d'obéir. Après quoi, le Seigneur aux mains rouges se tourna vers Aubepierre.
– Cette tunique en vaut bien d'autres, riposta-t-il. Ceux qui la portent ne sont pas des saints, mais ils ont des excuses : comme moi, ils ont subi des injustices qui les ont amenés à se révolter. C'est pour ça qu'ils sont à mon service.
– Je connais vos crimes, coupa Louis d'Aubepierre. Il est peut-être temps d'implorer le pardon de Dieu, tu ne crois pas ?
– Si le comte d'Auvergne, qui m'a trahi, l'implore avec moi, j'y consens, affirma Marcantour en riant.
– On ne pose pas de conditions à Dieu ! s'indigna frère Louis.
– C'est au comte que j'en pose, pas à Dieu, rectifia Marcantour.
Louis d'Aubepierre fouetta l'air de son épée.
– Tu es toujours aussi entêté, gronda-t-il. Commençons !
À cet instant, le lieutenant de Marcantour accourut, portant sous son bras un vêtement roulé.
– J'ai dit : pas de tunique ! fulmina frère Louis.

– Pas même celle-ci ? s'étonna Marcantour.

Il déplia la tunique : elle était blanche et portait une croix rouge cousue à l'emplacement du cœur. Louis d'Aubepierre, saisi par l'émotion, reconnut le vêtement, usé et rapiécé, qu'il portait jadis à la croisade, du temps où on l'appelait le Prince du Désert.

19

Hugo regardait avec anxiété les deux chevaliers face à face, Marcantour vêtu de rouge, et Aubepierre de blanc. Ils étaient aussi puissants l'un que l'autre, et leur allure était aussi noble.

Au nom de la justice, Hugo souhaitait intimement la victoire de Louis d'Aubepierre. Mais l'adversaire de Louis était son père, et, malgré les crimes dont il s'était rendu coupable, il ne supportait pas d'imaginer sa défaite. Son cœur était déchiré.

Les deux vieux chevaliers s'observèrent un long moment, tournant l'un autour de l'autre pour mesurer les points faibles de l'adversaire.

Louis attaqua le premier. Bernard para le coup, mais il chancela : en dépit de son âge, le Prince du Désert avait conservé sa force légendaire.

Marcantour feinta à gauche et frappa sur le côté droit. Louis dévia la lame. Marcantour pivota à une vitesse foudroyante.

Hugo frémit : il connaissait cette passe d'arme, car son père la lui avait enseignée. L'épée de Bernard s'abattit sur le flanc gauche, prenant son adversaire par surprise. Mais, à l'instant du coup fatal, la lame de Louis se trouva à la parade. Le coup était magnifique et la riposte étonnante.

Un grognement admiratif parcourut le cercle des Diables Rouges qui assistaient au combat.

Ce premier engagement ne fut qu'une simple démonstration. Maintenant, les assauts des deux combattants s'enchaînaient sans répit. Offensives et esquives se succédaient, les fers se heurtaient, les bras se repoussaient. On voyait que les combattants étaient de la même force, au grand étonnement des brigands qui n'avaient jamais vu personne résister à leur maître.

Au bout de dix minutes de ce combat acharné, cependant, Louis d'Aubepierre commença à faiblir. Sa lame se fit moins précise, ses coups moins puissants. Et, au moment où les deux hommes se heurtaient, il lui arrivait de trébucher.

– Arme ! cria Marcantour en reculant de quelques pas.

C'était le signal convenu pour interrompre le combat et obtenir quelques minutes de repos.

Hugo remarqua que son père n'était pas fatigué, et comprit qu'il agissait ainsi pour laisser le temps à Louis de reprendre des forces. Effectivement, Louis s'appuyait lourdement sur son épée et celui-ci respirait avec difficulté. Son adresse était

intacte, mais son manque d'entraînement se faisait sentir de façon cruelle.
Ce fut lui, pourtant, qui reprit le combat le premier. Cependant, son ardeur s'éteignit très vite. Marcantour se contentait de parer ses coups, à présent, et Louis d'Aubepierre était ulcéré de voir que son adversaire le ménageait.
Pour forcer Bernard à combattre, il attaqua sans se couvrir, exposant son corps et multipliant les coups avec une rage désespérée. Marcantour contrait ces assauts furieux sans difficulté. Il se tenait à distance, comme s'il attendait l'occasion d'en finir avec un affrontement qui ne lui apportait pas le plaisir espéré.
Louis était à bout de souffle. Il para maladroitement un coup pourtant facile, porté sans intention de tuer. La lame de Bernard le toucha à l'épaule droite. Le prieur grimaça de douleur et lâcha son épée. Sa tunique blanche se teinta de sang.
Hugo se précipita vers son parrain, le soutint et l'étendit sur le sol.
– C'était une folie ! murmura le jeune chevalier.
Frère Louis secoua la tête avec tristesse :
– Dieu a décidé.
– C'est l'âge qui a décidé, dit Bernard. Jadis, tu m'aurais vaincu.
– Jadis, nous n'étions pas ennemis, fit remarquer Louis d'une voix pleine d'amertume.
Hugo surprit dans les yeux de son père une étrange émotion.
– Aujourd'hui non plus, murmura Marcantour.

20

Lorsque Marcantour déchira la tunique de son vieux compagnon d'armes pour soigner sa blessure, Hugo découvrit le torse de Louis d'Aubepierre, couturé de cicatrices. Ce n'était pas le corps d'un moine, mais celui d'un guerrier. Sa défaite n'en était que plus déchirante.

– La blessure est peu profonde, constata Marcantour en nettoyant la plaie. Mais il te faut quelques jours de repos.

– Nous partons sur-le-champ ! annonça frère Louis.

Marcantour secoua la tête en signe de désapprobation, mais il n'essaya pas de discuter. Il connaissait l'entêtement du prieur. Quand Louis avait pris une décision, il était impossible de le faire changer d'avis.

Louis, Hugo et Ancelin reprirent donc tristement le chemin du monastère. Le prieur chevauchait en silence, tête basse, mâchoires serrées, recroquevillé sur sa souffrance.

Voyager ainsi était une folie, mais Hugo devinait ce que ressentait son parrain. L'humiliation d'avoir été vaincu, de se sentir brutalement vieux et impuissant, était plus intolérable que la douleur physique.

– Vous êtes déçu pour le trésor de l'abbaye ? demanda-t-il.

Louis d'Aubepierre fit un geste d'irritation.

– Les objets sacrés ne comptent pas, explosa-t-il. Seules importent les choses du cœur. Ce qui me désespère, c'est de voir que, après avoir été la fierté de l'armée et de l'Église, un chevalier comme ton père ait pu devenir un brigand.

– Le roi de France et le comte d'Auvergne l'ont bien mal récompensé de ses exploits, fit remarquer Hugo.

Louis d'Aubepierre émit un grognement qui pouvait passer pour une approbation.

La route montagneuse épuisait le blessé. Au bout de six lieues, Louis pouvait à peine tenir en selle. Malgré ses protestations, Hugo s'arrêta dans une auberge et coucha le prieur dans un lit.

La fièvre s'empara de lui aussitôt. Tantôt il était brûlant, et tantôt il avait si froid que ses tremblements ébranlaient le lit de bois. Trois jours plus tard, la plaie enfla et l'infection gagna l'épaule et le bras droit. La douleur devint insupportable.

« Il va mourir ! » pensa Hugo avec désespoir. Il partit vers un monastère voisin dans l'espoir de ramener le prieur pour procurer au blessé le réconfort de la religion.

En son absence, un médecin se présenta à l'auberge. C'était un Arabe qui se rendait d'Espagne en Bourgogne.
– Il faut rouvrir la blessure, le temps presse, décida-t-il.
Hugo n'étant pas revenu, Ancelin voulut interdire à l'étranger de soigner le blessé. Mais Louis d'Aubepierre intervint d'une voix faible :
– Laisse faire cet homme, mon garçon. Les Arabes sont les meilleurs médecins du monde.
Après avoir ouvert la plaie, le médecin la cautérisa légèrement au fer rouge, puis il laissa à Ancelin plusieurs drogues, dont une poudre d'opium destinée à apaiser la douleur. Quand l'écuyer voulut le payer, il refusa.
– Les paroles de ce saint homme ont plus de valeur que l'argent, dit-il.
Cependant, frère Louis ne réagissait plus. Ancelin colla son oreille contre sa poitrine. On n'entendait plus les battements du cœur.
« Il est trop tard ! » songea-t-il.
De grosses larmes coulèrent sur ses joues. Louis d'Aubepierre était un grand seigneur, et Ancelin l'aimait comme un père. Il pensait surtout à Hugo. Comment son frère de lait allait-il supporter la mort d'un homme qui avait fait de lui un admirable chevalier ?
Il contempla le corps inerte du Prince du Désert. Étendu, celui-ci paraissait encore plus grand. Son visage, délivré de la souffrance, rayonnait.

Quand, quelques instants plus tard, Hugo entra dans la chambre accompagné d'un moine, il trouva son écuyer en pleurs. Ancelin lui montra le lit d'un geste muet. Anxieux, le jeune chevalier se pencha sur son parrain. Soudain, le prieur ouvrit les yeux et contempla les visages penchés sur lui.

– J'ai bien dormi ! soupira-t-il.

Pleurant et riant à la fois, Ancelin raconta de quelle manière le médecin arabe avait soigné frère Louis et comment lui-même l'avait cru mort en le voyant immobile sur son lit.

– C'est l'effet de l'opium qui l'a endormi en calmant sa douleur, expliqua le moine.

Les jours suivants, Louis d'Aubepierre reprit des forces et retrouva l'appétit. Bientôt, il put remuer son bras. Sa plaie commença à se refermer.

Une semaine plus tard, il fut sur pied. Ils se remirent en route vers Saint-Étienne-des-Forêts.

En pénétrant dans la cour du monastère, ils trouvèrent tous les moines rassemblés. Le prieur demanda :

– Que se passe-t-il ?

– Un miracle ! s'exclamèrent les moines en joignant les mains.

Croyant qu'ils voulaient parler de sa guérison, Louis d'Aubepierre fronça les sourcils.

– Quel miracle ?

Pour toute réponse, les moines le menèrent dans l'église du monastère. Là, il vit l'autel, d'ordinaire si austère, scintillant d'or et de joyaux.

– Le trésor d'Harald ! s'écria Hugo, stupéfait.
– Des hommes vêtus de rouge nous l'ont amené, expliqua un moine.
Louis d'Aubepierre réprima un sourire.
– Tu veux dire : habillés comme des diables ? demanda-t-il.
– Des Diables Rouges, oui, chuchota le moine en roulant des yeux terrifiés.
Frère Louis se tourna vers Hugo, qui riait de plaisir. Malgré sa fatigue, le visage du prieur était rayonnant :
– Tu peux être fier de ton père !
– Un vrai miracle ! grogna Ancelin.

FIN

AVIS AUX LECTEURS

Tu as beaucoup aimé ce livre, tu veux en parler aux auteurs, leur poser des questions.
Écris vite à
Bayard Éditions Jeunesse
Série MARCANTOUR
3/5, rue Bayard
75008 Paris

Tu auras une réponse.

Tu as aimé les aventures de

MarcantouR

Découvre ces quelques pages de

LA PRINCESSE CAPTIVE

Tous les chevaliers auraient voulu être à la place des trois champions désignés par les évêques pour combattre au nom de l'Église. Les deux premiers, Arnaud de Polignac et Henry de Pierrefort, étaient célèbres pour avoir remporté de nombreux tournois. Hugo, lui, était inconnu. Il semblait fluet à côté des autres combattants.

– Au premier coup de lance, il s'envolera ! plaisanta un soldat.

Hugo avait peur. Il ne redoutait pas les blessures, ni la mort. Il craignait d'être vaincu. La lance n'était pas son arme favorite. Il était beaucoup plus adroit à l'épée. Mais, là, il n'avait qu'une lance, un bouclier de bois et une armure.

– Tu vas les massacrer ! s'écria Ancelin, surexcité.
Hugo hocha la tête :
– Nous aurons contre nous les meilleurs combattants d'Angleterre et d'Aquitaine. Aliénor les a fait venir exprès. Nous n'avons aucune chance de vaincre. Elle le sait. Je suis sûr qu'elle fête déjà sa victoire.
– Nous avons un allié qu'elle n'a pas ! coupa Louis d'Aubepierre.
– Lequel ?
– Dieu, murmura le prieur.
« C'est vrai, songea Hugo. Dieu sera de notre côté. Mais si cette lance était moins longue, ce casque moins lourd, et si je pouvais monter mon fidèle Ardent, je serais plus rassuré ! »
À l'instant précis où il pensait à son cheval, il entendit un hennissement joyeux. Hugo sursauta.
– C'est impossible ! balbutia-t-il.
– Tout est possible. Il suffit de croire ! dit frère Louis.
Hugo aperçut Ardent qui venait à lui. Il était mené par un jeune moine de l'abbaye. En réalité, c'était le cheval qui tirait le moine. Il se précipita vers son maître et frotta son museau contre son dos.
– Mon beau héros ! murmura Hugo.
– J'ai ordonné qu'on t'amène ton fidèle compa-

gnon, expliqua frère Louis. Avec lui, tu te sentiras plus confiant.
– Merci, parrain ! dit Hugo en caressant l'animal.
Ardent était un cheval intelligent. Il aimait le combat, savait réagir vite et tromper l'adversaire.
– Quand partons-nous ? demanda Hugo avec impatience.
– J'aime mieux ça ! se réjouit frère Louis. Départ dans une heure !

Le lieu du tournoi était une vaste plaine, à l'ouest de Montferrand.
Lorsque Hugo y arriva, il fut étonné par la majesté du décor. Sur le côté droit de la plaine, on avait édifié deux tribunes de bois, recouvertes de toiles. L'une d'elles, celle des Aquitains, était verte. L'autre, toute blanche, était réservée aux partisans de l'Église. Dans la première, une centaine de seigneurs était installée. À leurs côtés paradaient des dames portant des couronnes de fleurs et vêtues de robes brodées.
Derrière la reine Aliénor, on reconnaissait le comte d'Auvergne, son neveu, et la plupart de leurs grands vassaux. Leurs bannières claquaient fièrement au vent.
Dans la tribune blanche, autour des quatre évêques, les petits seigneurs ralliés à l'Église fai-

saient piètre figure. Une simple bannière blanche, ornée d'une croix d'or, flottait au-dessus de leur assemblée silencieuse.

– C'est beau ! s'exclama Hugo, intimidé. Je ne savais pas que ce décor existait.

– Il n'existait pas ! répliqua frère Louis. Aliénor l'a fait construire.

– En six jours ? s'étonna Hugo.

– Tu plaisantes ! Il a fallu beaucoup plus longtemps. La reine a ordonné sa construction dès son arrivée en Auvergne.

– Donc, elle ne voulait pas la guerre, conclut Hugo.

– Elle ne tenait pas à affronter l'Église, rectifia le prieur. Cette femme est d'une intelligence diabolique. Ce tournoi n'est pas un geste chevaleresque, comme tous le croient. C'est un piège.

– Alors pourquoi l'avoir accepté ? s'étonna Hugo.

– L'Église a condamné les tournois, dit frère Louis, car ils ne servent qu'à satisfaire l'orgueil des chevaliers. Comment des chrétiens osent-ils se livrer à ces luttes stupides, au lieu de partir à la croisade ? Mais…

Le regard de frère Louis se perdit dans la foule immense qui occupait la plaine et les versants des montagnes. Des hurlements s'élevèrent, saluant l'arrivée des six champions.

– … l'épreuve que tu vas subir n'est pas un vrai

tournoi, poursuivit-il. C'est un jugement. C'est Dieu qui désignera le vainqueur, ne l'oublie pas.
Des trompettes sonnèrent solennellement.
Ancelin aida Hugo à coiffer son heaume, un lourd cylindre de fer attaché à son armure par des sangles de cuir. Puis il l'aida à enfiler une cotte d'armes blanche ornée d'une croix d'or. Polignac et Pierrefort en portaient de semblables.
Les trompettes retentirent à nouveau.
Les trois chevaliers blancs montèrent à cheval et s'avancèrent vers les tribunes. Ils s'arrêtèrent devant les évêques et inclinèrent leurs lances en signe de respect. Puis ils rejoignirent les trois cavaliers verts, leurs adversaires, devant la loge royale.
Aliénor se leva pour saluer les combattants. Le heaume empêchait Hugo d'entendre les paroles de la reine. Cette boîte de métal l'étouffait et limitait son champ de vision. Le jeune chevalier constata cependant qu'Aliénor était magnifique, avec son corps drapé de vert et ses longs cheveux noirs couronnés d'or.
Soudain, Hugo aperçut, à droite de la reine, une très jeune femme d'une merveilleuse beauté. Ses tresses blondes étaient piquées de roses pâles. Sa robe de soie, blanc et vert, épousait un corps mince et gracieux.

« Je rêve ! » se dit-il.
Mais il n'y avait aucun doute possible : cette jeune beauté, c'était bien Jeanne de Richebourg. Un rire joyeux creusait des fossettes dans ses joues. Elle adressa un salut familier à l'un des cavaliers verts. Celui-ci tendit sa lance. Jeanne déposa sur son extrémité une couronne de fleurs. Le cavalier s'inclina.
« C'est vrai qu'Aliénor est la marraine de Jeanne, se souvint Hugo. La princesse sait-elle que je suis là ? »
Une bouffée de colère l'envahit. Sa peur fit place à un furieux désir de combattre. Il allait montrer à cette orgueilleuse et à tous ces fanfarons de quoi était capable un chevalier auvergnat.
Les trompettes mirent fin au salut.
Les cavaliers blancs regagnèrent leur camp et ôtèrent leur heaume avec soulagement. À l'autre bout de la plaine, les cavaliers verts en firent autant.
Le champ du tournoi était divisé en deux par une barrière de bois. Les chevaliers s'affrontaient de part et d'autre. Ils devaient combattre deux par deux. Le but était de désarçonner l'adversaire.
Une centaine d'archers veillaient tout autour du champ. Ils interdisaient aux deux armées de franchir ses limites sous peine de mort.

Hugo s'approcha de Polignac, que le sort avait désigné pour combattre en premier.
– Quel est ce chevalier à qui on a offert une couronne ? demanda-t-il.
– Monclar, un Aquitain, dit Polignac. Il va affronter Pierrefort. Tu as de la chance. Le tien, Hunter, est un Anglais. Il est puissant, mais trop lent. Ne te laisse pas impressionner par sa taille.
Il salua Hugo avant que son écuyer fixe à nouveau son heaume.
« Que Dieu soit avec toi », pensa Hugo. Polignac lui était sympathique. C'était un grand seigneur, mais il traitait Hugo comme son égal, comme un compagnon d'armes.
Hélas, la lance de son adversaire désarçonna Polignac au premier choc, à la plus grande joie des Aquitains.
Pierrefort s'avança à son tour.
– À nous deux, Monclar, rugit-il. Je vais t'épingler comme un papillon !
– Calme-toi ! recommanda Louis d'Aubepierre. Observe bien ton adversaire avant de frapper.
Mais Pierrefort était sourd aux conseils du prieur. Il fonça sur Monclar comme un taureau furieux. L'Aquitain sembla hésiter. Il abaissa sa lance vers le sol, puis, au dernier moment, il la releva ; en même temps, son bouclier déviait l'arme de son

adversaire. Pierrefort fut soulevé de sa selle et projeté sur la barrière, qui se brisa avec fracas.
Dans la tribune royale, les spectateurs se levèrent et acclamèrent l'exploit du champion. Dans la tribune blanche, les alliés de l'Église baissèrent la tête.
– Tu es notre dernière chance, soupira frère Louis.
– Je sais, dit Hugo.
Il imaginait Jeanne dressée à côté de la reine Aliénor, applaudissant le chevalier vainqueur dont elle avait fleuri la lance un instant auparavant.
« Maudits Aquitains ! » gronda-t-il intérieurement.
– Observe ! lui conseilla le prieur.
– C'est ce que je fais ! répliqua Hugo avec impatience.
Tandis que les valets emportaient Pierrefort blessé et remplaçaient la barrière de bois, il détailla Hunter. L'Anglais était réellement monstrueux. Le cheval, assorti à son cavalier, était une bête gigantesque.
Sûr de sa victoire, Hunter bavardait gaiement avec Monclar, qui avait ôté son armure. L'Aquitain était un bel homme aux épaules larges et aux cheveux blonds comme les blés.
Soudain, le silence s'installa dans les tribunes. Les deux cavaliers abattirent la visière de leur heaume sur leur visage. Puis les trompettes retentirent, et ils

bondirent en avant. Mais, au tiers du champ, Hugo fit ralentir Ardent, cependant que l'Anglais prenait rapidement de la vitesse. Les spectateurs retinrent leur souffle. Le jeune chevalier était si léger, face à son gigantesque rival, qu'il semblait voué à une mort certaine.

Quand Hunter fut presque à sa hauteur, Hugo pressa brusquement les flancs de son cheval. Aussitôt, Ardent se cabra et s'élança avec furie. Hugo se dressa sur ses étriers, puis, au dernier moment, il se coucha sur le cou de l'animal. La lance de Hunter lui frôla le dos. Ardent continua de galoper. Il atteignit le bout de la barrière, comme le règlement l'exigeait, fit demi-tour et repartit vers son adversaire. Cette fois-ci, les rôles étaient inversés : Hugo était lancé à un galop d'enfer, tandis que Hunter prenait tout juste son élan.

L'Anglais abaissa son bouclier pour parer le coup tout en relevant sa lance. Hugo détourna l'arme de son adversaire et poussa sur sa lance. Celle-ci glissa sur le haut de la cuirasse de Hunter, arracha les sangles du heaume et l'atteignit à la gorge. L'Anglais lâcha son arme et son bouclier. Il porta les mains à son cou, puis il s'effondra lourdement sur le sol.

Ce fut au tour des blancs de crier victoire.

Revenu auprès des siens, Hugo jeta sa lance à Ancelin, détacha son heaume et descendit de cheval.

– Grâce à toi, notre honneur est sauf ! s'écria Polignac en le serrant chaleureusement dans ses bras.
– Pas tout à fait, dit frère Louis en montrant les deux bannières vertes flottant au-dessus d'une bannière blanche devant la loge royale.
– C'est exact, reconnut Hugo en souriant.
– Ne t'avise pas de défier Monclar, il te tuera ! dit Polignac.
– C'est ce que nous verrons ! répliqua Hugo.
Il fit signe à Ancelin. Celui-ci l'aida à se remettre en selle, puis il lui tendit sa lance.
Hugo s'avança, tête nue, vers la tribune de la reine. Ses partisans l'acclamèrent au passage, et il les salua fièrement.
Aliénor lui sourit.
– Un bel exploit, Messire chevalier, reconnut-elle. Hunter est un redoutable jouteur, l'un des meilleurs d'Angleterre.
Hugo chercha des yeux Jeanne de Richebourg. La jeune fille lui adressa un signe d'amitié auquel il ne répondit pas.
– Voilà que le tournoi s'achève, dit la reine. Ainsi, notre parti l'emporte par deux victoires à une.
Hugo secoua la tête.
– Je ne crois pas, Votre Grâce, dit-il.
La reine fronça les sourcils et regarda le héraut

d'armes qui arbitrait le tournoi. Celui-ci s'avança vers Hugo.
– Que voulez-vous, Messire ? demanda-t-il.
Hugo inclina sa lance. Il heurta l'écu de Monclar, suspendu au mât au sommet duquel flottait l'une des bannières vertes. Le coup fut si rude que l'écu tomba à terre.
Dans le silence qui s'ensuivit, le héraut proclama :
– Le défi est lancé !
– Vous êtes courageux, mais bien imprudent, jeune homme, lança la reine. Sachez que Monclar n'a jamais été vaincu.
– Il y a un commencement à tout, Votre Grâce, répliqua Hugo en s'inclinant.
Lorsque le jeune chevalier se fut éloigné, le sourire de la reine s'effaça. Elle murmura :
– J'espère que Monclar fera mordre la poussière à cet insolent !
Quelques instants plus tard, Hugo et Monclar s'élancèrent avec fureur l'un contre l'autre. L'Aquitain était un superbe cavalier ; bien ancré dans sa selle, il se protégeait adroitement avec son bouclier.
« Impossible de ruser avec lui comme avec Hunter », se dit Hugo. Il décida de supporter le choc, et cala solidement sa lance sous son bras. Monclar écarta la sienne d'un geste négligent.

EXTRAIT

Hugo releva son bouclier. Il sentit qu'Ardent faisait un écart. La lance de Monclar heurta le côté de son heaume. En même temps, un choc formidable souleva Hugo de sa selle.

Marcantour

801. LES DIABLES ROUGES
802. LE FAUCON DE LA MORT
803. LE PRINCE À L'ÉTOILE D'OR
804. LES DÉMONS DE LA NUIT
805. LES JUSTICIERS DE L'OMBRE
806. LA RÉVOLTE DES FAUCHEURS
807. LA PRINCESSE CAPTIVE
808. LE TRÉSOR DE LA CRYPTE

Impression réalisée sur CAMERON
par BRODARD ET TAUPIN
La Flèche
en avril 2000

Imprimé en France
Dépôt légal : avril 2000
N° d'Editeur : 6088 – N° d'impression : 1306